中华传统
艺术文化书系

丛书主编◎倪建林

中国
玉器艺术

ZHONGGUO
YUQI YISHU

倪建林 ◎ 著

西南大学出版社
国家一级出版社 全国百佳图书出版单位

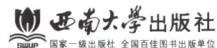

图书在版编目（CIP）数据

中国玉器艺术 / 倪建林著. -- 重庆：西南大学出版社, 2024.10. -- (中华传统艺术文化书系).
ISBN 978-7-5697-2563-6

Ⅰ. K876.8

中国国家版本馆CIP数据核字第2024BX2781号

中国玉器艺术

倪建林　著

总　策　划｜王玉菊　龚明星
执行策划｜戴永曦　徐庆兰
责任编辑｜王玉菊
责任校对｜鲁妍妍
美术编辑｜袁　理
装帧设计｜闽江文化
排　　版｜黄金红
出版发行｜西南大学出版社（原西南师范大学出版社）
地　　址｜重庆市北碚区天生路2号
邮　　编｜400715
电　　话｜023-68860895
印　　刷｜重庆恒昌印务有限公司
成品尺寸｜145 mm×210 mm
印　　张｜5
字　　数｜156千字
版　　次｜2024年10月 第1版
印　　次｜2024年10月 第1次印刷
书　　号｜ISBN 978-7-5697-2563-6
定　　价｜39.00元

总序

在文化多元化的当今时代，人们对艺术的热情几乎达到了历史的顶峰。每年数十万的艺术类高考大军浩浩荡荡，不要说在中国历史上没有过，即使在人类历史上恐怕也是少有的奇观。艺术成了踏进大学的一扇大门。我们再看各种热火朝天的艺术品拍卖，一个个天文数字不知触动了多少"热爱"艺术的人的心。在一些"精明"的具有"商业"头脑的人的心目中，艺术品成了只升不贬的"股票"——尽管其中充斥着大量毫无艺术价值可言的"废纸"。而使其快速升值的最佳方法就是炒作，这倒是也让全社会的人都开始关注艺术了，但这究竟是对艺术的崇敬还是对艺术的亵渎？抑或与艺术本身并没有什么关系？真正的艺术家只顾埋头在自己的艺术世界之中耕耘，并不会在意那些泡沫和"股票"。执着是艺术家的基本素质，尽管执着的人未必都能成为大师，但大师却一定是执着的，这一点早已被艺术史所证实。因此，我们也同样能够看到那些真正热爱艺术的艺术家们在满足着自己创造欲的同时，也在为人类创造着精神财富。众多暂时抛却功利的人们真正从艺术中获得精神享受的同时，也使自己的人格获得了提升，艺术的真谛其实也已经蕴含其间了。对于艺术而言，再也没有什么比美更重要、更本质的了，美只有用心灵才能创造出来，同样也只有用心灵才能与之沟通。美的价值几何，得问心灵的价值几何，回答只能是：无可估量。

艺术的价值是无可估量的，其原因之一是它能在人间闪烁光辉成千上万年，或者说它是不朽的。数万年前的原始岩画不是至今依然散发着熠熠光彩吗？原始的彩陶、夏商周三代的青铜器、秦汉的漆器和画像石、隋唐的壁画、宋代的绘画和瓷器……作为物质形态的艺术品，或许我们可以随行就市地给出一个货币的价格，但价格绝不等同于艺术的价值，这一点是毫无争议的。这种具有永恒意义的价值，在很大程度上与创造者的观念、智慧和技能相联系，并将三者凝聚为抽象的精神意义上的"美"。这种"美"所施于人的是一种精神上的感受。审美是人区别于其他动物的特征之一，因此它既是人所独有也是人之必需。人之于艺术犹如动物之于饮食。丰子恺曾将艺术比作"精神的粮食"，既然是粮食就是生存之必需，没有了物质的粮食，人类就会因饥饿而亡；没有了精神的粮食，人类将与其他动物无异，也就丧失了人之本质。由此可见艺术之于人的重要价值。

当然，艺术绝不仅仅是少数几个艺术家画几张画或者唱两首歌那么简单，更不是与大多数人无关的貌似神圣的东西那么高高在上，而是渗透在我们日常生活的方方面面，渗透在我们忙碌的工作或悠闲的业余生活之中。在古代社会，上至帝王将相，下至庶民百姓，艺术的形式虽有不同，但享受艺术的欲望却是相同的。在当今社会，人们更是平等享有享受艺术的权利。同时，所有古代的艺术品（无论当时有着怎样的等级限制）都已成为全社会的财富，人人都可以从中获得艺术的享受。那些面向全社会开放的各种博物馆、美术馆等专门陈列和展示艺术品的场所便是享受艺术的集中地。

尽管人人都有享受艺术、欣赏艺术的欲望和权利，但并非人人都能读懂艺术，都能最大限度地感受艺术的魅力；或者当面对艺术品时，内心能够体验到美的撞击，却不知如何言说。由于时间相隔久远，很多人在面对古代艺术品时难以理解，这里就涉及对艺术、艺术品和时代背景等方面知识的了解和掌握程度了。最初的艺术是因人类本能的欲望而被创造出来的，一旦被创造出来便成了文明的一部分。在数千年乃至上万年的发展中，人类的文明渐至灿烂辉煌，正如马克思在其《1844年经济学哲学手稿》中所言："如果你想得到艺术的享受，那你就必须是一个有艺术修养的人。"如果要听懂音乐，就要先具备"有音乐感的耳朵"；要想看懂美术作品，就要有"能感受形式美的眼睛"。这里强调的是两个内容：一是修养，二是感觉力。其实这两者是相辅相成的两个方面，一内一外，一个偏理性，一个偏感性。举例说，我们面对一件彩陶作品时，知道这是先辈在极其简陋和艰难的条件下创造出来的一件实用品，其造型有着非常实用的功能，其纹饰既显现了祖先的审美观念，也隐含着我们至今仍然难以破解的内涵和意义，更重要的是，其上的装饰奠定了未来数千年视觉艺术创造中所遵循的形式美的基础。有了这样的认识，再去观照一件貌似很平常的原始彩陶器皿的时候，我们自然就会抱着肃然起敬的心态去欣赏它了，眼前也不再只是一只破旧的陶罐而已了。欣赏古代的绘画作品也是同样的道理。这就是我们编写这套丛书的初衷。

艺术的形式与内容纷繁多样，并且还在衍生出更多新的形态。整个古代的艺术，我们可以将它分为三个基本层次来观察，即宫廷艺术、文人艺术和民间艺术。这三个艺术层次在创作目的、艺术风格和艺术内容方面存在着诸多的不同。简单地讲，宫廷贵族们追求华贵奢侈，显示权势与财富；文人们通过艺术抒发胸中之逸气，追求雅致和超然；民间百姓则通过艺术表达他们最为朴素和真挚的情感，美化生活。民间艺术虽是最基础的层次，却是孕育其他层次艺术的土壤，所以我们将其比作"一切艺术之母"。她就像一位慈祥的母亲，儿女们虽已长大自立门户，甚至考取了功名变得声名显赫，而这位慈祥的老母亲却仍然一如既往地耕耘在田间地头，无怨无悔，这是多么伟大的身影啊！可惜的是，却有升官发财后忘了娘的不孝子存在。不是吗？看不起民间艺术的"艺术家"恐怕并不少。追溯其原因，不懂得艺术诸层次之关系，不懂得艺术的本质究竟是什么，恐怕是最重要的两个方面。

从造型艺术发展演变的脉络来看，从人类原始时代起，在相当长的时间里其主要是以实用艺术的形态存在的。或者说，人类在艺术创造方面的欲望和需求主要是以实用物为载体的，如建筑的装饰、器物的造型与装饰等。等到纯粹欣赏性的艺术从实用的艺术中分离出来并独立发展时，在中国已是魏晋以后的事了。在这之前的艺术大多属于装饰艺术的范畴。

艺术的分类是一门学问，分类的方式有多种，一般来说，无论如何分类，总是要有一个基本的统一标准。本丛书先完成的是造型艺术的两个系列共十个类别，即传统工艺美术系列的印染织绣艺术、玉器艺术、漆器艺术、青铜艺术、陶瓷艺术，传统美术系列的壁画艺术、汉画像石艺术、中国画艺术、书法艺术和雕塑艺术。这样的分类并不是严格的分类学意义上的分类，也没有包罗中国传统造型艺术的全部，而更多的是为了撰写的方便。

这里有一个观念性的问题是需要先明确的，那就是艺术的门类与整体的关系问题。我们虽然将传统的造型艺术分成十个类别来加以介绍，但这并不表示各门类艺术的发展是完全独立的、彼此没有关联的，相反，不同形态的艺术都是整体的各个部分，都是建立在人这一主体之上的。它们的发生可能有先有后，在发展的过程中也往往存在着一定的时代性，或盛或衰，步调并非一致，甚至互为前提，此消彼长。但在它们的背后有一个看不见的规律在起作用，这也正是我们要特别给予关注的。懂得了艺术发展的内在规律，将个别的艺术品还原到其特定的背景之中做综合性的思考，就能让你在欣赏艺术作品时由表及里，艺术品的优劣和价值的高低才有可能被揭示。在此基础上再对其进行审美的观照时，我们所获得的精神上的享受才会更大，这对理解艺术本质也将大有裨益。

倪建林于金陵

C O N T E N T S 目录

第一章　史前玉器艺术简述…001
　　一、红山文化部分典型玉器…006
　　二、良渚文化部分典型玉器…011

第二章　殷商玉雕艺术…017
　　一、天然色泽的巧用…019
　　二、齐全的品类…020
　　三、丰富多样的装饰品造型…020

第三章　春秋战国玉器概述…029
　　一、玉器的种类…031
　　二、玉器工艺的进步…034
　　三、玉器的造型与纹饰…035

第四章　战国时期的佩玉…043
　　一、优良的玉质…046
　　二、精湛的琢玉工艺…047
　　三、以龙凤为主的装饰母题…049

第五章　汉代玉器艺术…057

第六章　唐代玉器艺术…079

第七章　辽宋金玉器概述…093
　　　　一、宋代玉器…094
　　　　二、辽代玉器…099
　　　　三、金代玉器…105

第八章　宋金时代花鸟玉雕艺术…107

第九章　元代玉器鉴赏…119

第十章　明清玉器艺术述要…133
　　　　一、玉杯…135
　　　　二、玉"大禹治水"山子…138
　　　　三、仿古玉器…138

参考文献…147

后记…149

中/国/玉/器/艺/术

第一章

史前玉器艺术简述

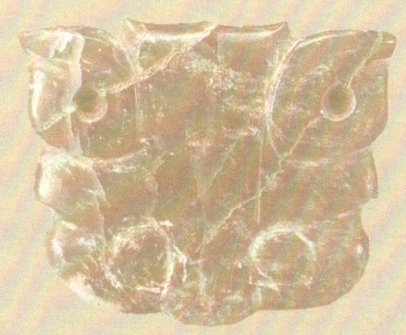

中国古人尚玉，视玉为祥瑞。中国人对玉的认识首先是与美相联系的，所谓"石之美者"即玉，并将美石用来制作具有观念意义的专门器物，后来又将这种美石之品相与人之品德相比附，产生了儒家思想中"玉有九德"之说，将"君子比德于玉"，有所谓"君子无故，玉不去身"之说。显然，被赋予了特定内涵的玉已不仅仅是"美石"而已了，而是蕴含了美感与哲学思想的双重属性，已被升华为中国传统文化精神中重要的象征物。

然而，我们的祖先从对玉的审美认知到赋予其特定的精神内涵却是经历了数十万乃至上百万年的漫长过程的，是原始先民们在长期的社会实践活动中，尤其是生产劳动的体验中逐渐培养起来的。没有丰富的实践经验的积累，离开了中国人认知事物的特有的习性，也就不可能产生后来难以计数的玉器，更不可能形成中华民族所特有的玉文化，可以说，玉文化，其基础正是孕育和奠定于遥远的史前时代。因此，了解史前玉器艺术不仅有利于我们从整体上把握古代玉器艺术发生发展的规律，同时也从一个侧面揭示了艺术发生发展的逻辑性特征。

在历代文献中，有关玉的各种记载颇为丰富，从经史子集到稗史杂记时见著录。专门的研究早在宋代就已出现。但是对于史前时代玉器的了解却一直很少，实物更是鲜见。直到近代考古学在中国兴起，才将史前玉器的真实面貌呈现出来，特别是在20世纪50年代之后，我国先后发掘了许多石器时代的遗址，尤其是在分布广泛的新石器时代遗址中出土了大量的精美玉器，这对于我们了解和研究史前玉器具有极为重要的价值。

据考古发现，中国的先民最早使用玉石材料的时间不会晚于60万年前的旧石器时代，不过当时的原始先民并没有将其与普通石料区别对待，而是与其他石料一样，通过打击制成人类早期赖以生存的工具、武器等用品。因此，旧石器时代遗址中出土的玉器，在形制和功能方面相较于普通石器而言，除材料不同外，并无实际区别，所以这一时期又被称为"玉石并存时代"。在已发现的旧石器时代的遗物中可以得知，当时用以制造石器的石材不下三十种，主要有：石英、砂岩、安山岩、水晶、燧石、玉髓、玛瑙、岩浆岩、玄武岩、凝灰岩、流纹岩、闪长岩、蛇纹石、玉石、火山岩、角页岩、石灰岩、硅质灰岩、脉岩、片麻岩、花岗岩和透闪石等，其中的水晶、玉髓、玛瑙、玉石、蛇纹石、透闪石等美石，今人认为可归为广义的玉器。

我们的祖先在经历了数十万年的玉石并存、玉石不分的历史时期之后，对两者的认识逐渐显现出差异，意识到了玉、石美感上的差异，进而在使用功能上将两者加以区别。发展到距今七八千年的新石器时代晚期，装饰精美的玉器出现了，并迎来了中国玉器工艺发展史上第一次高潮，甚至有人把这一时期称为"玉器时代"，足见其状况之盛了。（图1-1至图1-3）

图1-1 玉人头像 石家河文化晚期

图1-2 玉龙 石家河文化晚期

图 1-3 璜形玉人头像 石家河文化

已发现有玉器的新石器时代遗址分布非常广泛,早期的遗址有距今 8000 年左右的兴隆洼文化遗址(以内蒙古敖汉旗兴隆洼遗址命名),出土的玉器品种有玉凿、玉斧、玉锛、玉环、玉玦、玉坠、玉珠、匕形器等,其中像玉凿、玉斧、玉锛属于实用的生产工具或武器,玉环、玉玦、玉坠、玉珠等则属于身体装饰品。沈阳新乐遗址出土了距今约 7000 年的墨玉、青玉、碧玉、玛瑙等材质的小型雕刻品,并出土了琢磨光洁的玉凿。距今 6500 年至 5500 年间是史前玉器的发展阶段,主要遗址有中原地区的仰韶文化遗址、山东大汶口文化遗址、长江中游的大溪文化遗址以及长江中下游的马家浜文化遗址、崧泽文化遗址等,都发掘出不少玉器。从已出土的玉器品种可以看出,各类装饰用品明显增多,除玉玦、玉珠等早期品种外,又出现了璜、镯、管、璧、笄等多种装饰品,以及玉鸟、玉人等肖形玉器(图 1-4、图 1-5)。相比之下,工具等实用器明显减少。公元前 3000 年前后,史前玉器的发展进入繁盛阶段,不仅数量大增,品种多样,制玉工艺也有了明显的提高,并从过去的石器加工工艺中分离出来，逐渐发展成为一个独立的手工艺部门。这一阶段玉器产地的分布更加广泛，故宫博物院玉器专家杨伯达先生认为：北起内蒙古赤峰市，经过辽南、山东、江苏、浙江，南迄广东曲江，构成了一条弧形玉器带。这里是我国原始社会玉器工艺最为发达的地区，这些崇尚玉器的部落社员琢磨的玉器，足以代表当时玉器艺术的最高水平。

图1-4 玉人面形佩 大溪文化

图1-5 玉人面纹饰 大汶口文化

新石器时代中晚期的治玉工艺已经比较完善，它与石器工艺的进步相一致，玉工们用砥、锤、钻、磨石、石英砂、实心钻、空心钻等治石工具，制作了许许多多形制规整、琢磨光洁的玉制品。根据红山文化和良渚文化玉器上留下的碾磨痕迹，有关专家推断当时已经发明了一种旋转性的制玉工具，即原始砣机。事实上，正是制玉工具和技术的发展为玉器的繁荣创造了必要条件。

下面重点介绍红山文化和良渚文化中部分典型玉器作品，以窥中国史前玉器特征之一斑。

一、红山文化部分典型玉器

红山文化是指辽宁、内蒙古和河北交界地带的新石器时期文化，因最初发现于内蒙古赤峰红山而得名。在红山文化遗址中出土了大量精美的玉器，其中鸟兽造型的雕刻品是其主要特色，有现实题材的动物，如鸟、燕、鸮、鹰、蝉、鱼、龟、猪等；也有非现实题材的神灵主题，如勾龙和兽形玦等，让人们感受到远古先民充满想象力的精神世界。另外，还有勾云形佩、马蹄形箍、二联璧、三联璧，以及三联耳兽、双兽首（或人首）、三孔玉饰等，风格雄浑质朴，很少作表面刻纹装饰，凸显着天然玉质的美感，构成红山文化玉器鲜明的特色。

玉鹰（图1-6），由黄玉琢成，正视呈展翅之状，双足收于腹前，外形简洁概括，体貌憨厚。同类型的玉鹰在红山文化中已发现多件，另外还有鸮、鸟等，此件是其中最为精致的一件。

龟和鳖是史前玉器中一个重要的题材，在红山文化和良渚文化玉器中均有发现。这件红山文化的玉鳖（图1-7），于1973年在辽宁省阜新县石戈乡出土。玉鳖由浅绿色玉石雕琢而成，该鳖作对称形式，四肢蜷伏，长颈前伸，背甲呈圆形。这件玉鳖虽呈对称形式，但比例是准确的，体现了红山文化中琢玉工匠的造型能力和艺术创造天分。

第一章 史前玉器艺术简述

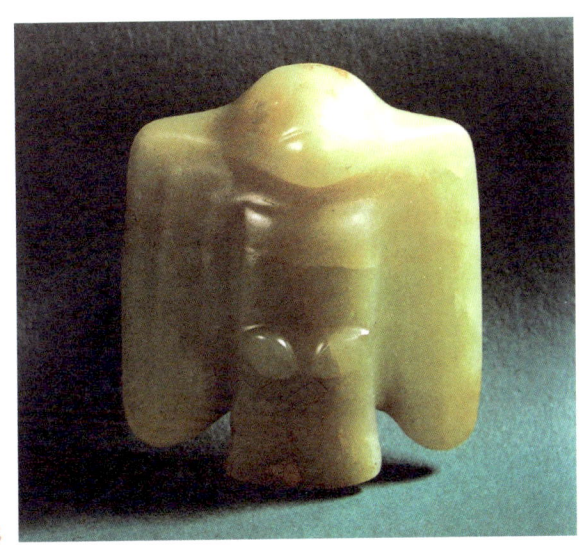

图 1-6 玉鹰 红山文化

图 1-7 玉鳖 红山文化

玉龙（图1-8）是红山文化玉器中最具代表性的作品之一，出土于内蒙古三星他拉村遗址。其形似字母"C"字形，用墨绿色软玉雕琢而成，体表琢磨光洁圆润，龙吻前伸略朝上弯曲，双目突起，眼尾细长微扬；颈后及背脊一长鬣顺体上卷，如卷角一般，从构成效果来看恰好与内卷的龙体在视觉上达到一种力的平衡；额及颚底皆有细密的网格纹；背钻有一孔，可供穿系佩挂之用。这件造型简洁、研磨光洁的玉龙，不仅展现了原始先民的艺术水平和高超技术，更为重要的是，它标志着中华龙文化的形成与发展至此已迈出了至关重要的一步。尽管中国龙的起源要比红山文化更早，在发展过程中龙的造型也经历了多次变化，但是最早能将其塑造得与后来成熟了的龙形如此接近的，除了红山文化玉龙之外尚无其他发现。因此，有学者认为：中国龙的形象是在红山文化中创造出来的，而为商代所继承、发展并初步加以规范的。

玉兽形玦是红山文化中比较多见的一种玉器，其体如环，头部像猪，

图1-8 玉龙 红山文化

故又被称为"玉猪龙"。这种形象颇为奇特的玉雕作品看上去似乎与勾龙有某种关联。然而，这种相似性主要体现在环体的外形上，而在头部和整体神韵方面，两者却存在明显的区别。如图1-9所示，其整体造型也如"C"字形，但首大体肥，两眼圆睁，两耳竖起，口微张，獠牙外露，眉鼻间聚起多道皱褶，一眼看去倒更像是猿猴类动物；背上有孔，可供系佩。先民们雕琢这种形象究竟是什么意思尚不清楚，什么人在什么场合佩挂也是个谜，因而出现了种种推测，说法不一。有的玉兽形玦出土时是挂在死者胸前的，因此有的研究者推测这种只有红山文化中所独有的玉饰应该具有祈求保佑的吉祥作用，不过可以肯定的是，先民们创造出如此富有想象力的形象，一定是有其特定含义的，而不仅仅是为了审美。

红山文化玉器中还有一些难以辨认具体所指形状的玉饰品，如玉勾云形器和玉兽形佩便是其中的两种。（图1-10、图1-11）

图1-9 玉猪龙 红山文化

中国玉器艺术

图 1-10 玉勾云形器 红山文化

图 1-11 玉兽形佩 红山文化

玉勾云形器已发现多件，由于该器形似勾云，故名。其形式为片状玉镂雕而成，以一圆形内卷为主体，外缘加出数卷云式头，形状有些诡异，难辨具体所表现的对象；顶端有并排的两个小孔，可供穿系佩挂。这种玉饰应该是一种用于佩挂的饰品，其含义则难以确断。

玉兽形佩器形似葫芦，圆头圆身，头顶有一对立耳，圆形大眼占据了面部的大部分空间，眉鼻相连，嘴角向下，其形似人非人，似兽非兽；颈部有一对穿的圆孔，应该是用作系佩的。其玉质呈浅黄色，雕刻较为简洁，表面不施纹饰。此类形象的玉佩饰尚不多见，既给人以质朴天趣之审美感受，又弥漫着一种难以捉摸的神秘气息。

二、良渚文化部分典型玉器

良渚文化遗址分布于长江下游的太湖东南沿岸地区，其年代与红山文化大体同期。良渚文化遗址所出土的玉器数量多且品种丰富，艺术风格鲜明独特，表现出迥然不同于红山文化的风格特征。

良渚文化遗址中出土的玉器有管、珠、坠、璜、镯、琮、璧、钺、新月形饰、锥形器、三叉形器、半圆形饰、冠状饰等，还有蝉、蛙、鱼、龟、鸟等肖形佩饰。其中大部分可能属于装饰用品，有的则既非实用工具，也不用于装饰，而是用于特定礼仪场合的礼器，如玉琮、玉璧、玉钺等。（图1-12）

图1-12 玉钺及其兽面纹 良渚文化

玉琮几乎可以作为良渚文化玉器的最典型的代表器种，在良渚文化遗址中出土的玉琮数量多、艺术水平高、工艺精湛，反映了当时社会的发展和习俗的嬗变。玉琮的形式大致可分为两种基本形：圆筒形和外方内圆形，它们高矮不一，且均为中空无底的构造。目前关于琮的用途说法不一，或以为是祭祖用器，或以为是礼天地之专用器。这些观点多将玉琮外方内圆的形制视作"天圆地方"观念的象征，并认为其中空的设计意在沟通天地。尽管在具体用途上存在分歧，但普遍认为玉琮属于原始的祭祀用品，因此，可以将其视为一种礼器。玉琮上的主体纹饰一般为兽面纹，有的为人、兽、鸟面的组合，其图形在今人看来非常神秘。如江苏武进寺墩出土的玉琮，玉质呈乳白色，并带有翠绿色、赭红色斑纹；器形为内圆外方，外表分为两节，上下相叠；纹饰以折角为中线，上节饰以带冠人面纹，下节则饰以兽面纹。纹饰以浮雕和细线阴刻手法结合雕刻而成，用浮雕刻出大的形体，再以细如发丝的阴线刻出繁缛的细节，刻线工艺之精湛，令人惊叹。这种神秘纹饰所蕴藏的含义一直是研究者们感兴趣的问题，与良渚文化其他玉器上的纹饰联系起来，可以推测出其是一种人兽合一的、带有神灵意义的符号；与玉琮之用途相联系，有学者认为原始祖先用这种符号来祭祀神灵与祖先，期望能够与之沟通感应，从而达到天人合一的境界。从这种兽面纹的形式上看，它与随后的夏商青铜器上的纹饰应有着某种内在的关联。（图1-13）

　　玉冠状饰也是良渚文化玉器中具有代表性的品种，包含浮雕加阴刻线和透雕加阴刻线两种基本形式，其纹饰与玉琮纹饰表现出相同的理念。如浙江余杭出土的一件玉冠状饰，全器以透雕镂空结合线刻雕琢而成，中间为一头戴羽冠的神人形象，四肢张开，两边有呈对称状的鸟形动物与神人相互盘结，刻纹细密。在史前玉器中，鸟是一种较多见的装饰主题，在良渚文化中表现得更为明显，特别是在礼器上（如玉璧、玉钺等）时有发现。据推测，它可能是具有徽标性质的神鸟，与氏族标记或某种原始宗教崇拜有关。另一件玉冠状饰件则将头戴羽冠的神人作左右对称状安排，呈侧面状，四肢张开，同样采用透雕大形、线刻细部的技法，其装饰风格也与上例相

第一章 史前玉器艺术简述

图 1-13 玉琮 良渚文化

一致。(图 1-14)

玉三叉形器是良渚文化玉器中又一有特色的品种,其下端作圆弧形,上部呈三叉形式,左右对称,中间一叉短于两边,且有孔贯,显然是用于安插的。根据出土时均被置于死者头骨上方的情况来分析,这种三叉形器应该是安插于冠帽上的一种饰品。这件玉三叉形器的正面饰有阴线刻成的兽面纹,两侧刻有角和耳形,这种兽面装饰与良渚文化玉器中其他兽面纹形式基本一致,是开夏商兽面纹饰的先河之作。(图 1-15)

良渚文化中的玉鸟同样也是一种颇具特色的玉器品种。鸟多作正面形,双翅展开,形体简洁,形态憨厚可爱。(图 1-16)

通过与红山文化玉器的比较可以看出,良渚文化玉器是以秀美精丽的风格为特征,反映了我国东南部文化的特色。

除红山文化和良渚文化外,其他地区和文化圈中也有不少独具特色的玉器,如江淮地区、台湾卑南地区等均有独具地方特色的玉器出土。如1987 年出土于安徽省含山县长岗乡凌家滩一号墓的玉人像(图 1-17),是史前玉器中为数不多的人物之一。该玉人像头戴饰有方格图案的冠帽,

图 1-14 玉冠状饰 良渚文化

第一章 史前玉器艺术简述

图 1-15 玉三叉形器 良渚文化

图 1-16 玉鸟 良渚文化

015

::: 中国玉器艺术

图1-17 玉人像 安徽省含山县出土

面部方正,双耳穿孔,形体比例比较写实,是一件颇为珍贵的原始玉器作品。

史前时代的玉器发展到晚期,无论在形制与装饰上还是在功能上都已与石器截然不同了,精神性的意义占据了首要地位,并与权力、地位紧密相连,成为巫觋、酋长以及军事首领的象征物,从中反映出原始社会关系正濒临崩溃,一个崭新的时代即将到来。

中国玉器艺术

第二章

殷商玉雕艺术

殷商时代不仅是中国古代青铜艺术的繁荣时期,同时也是玉雕艺术获得很大发展的阶段。过去,由于有限的实物材料和匮乏的文献资料,殷商时期玉器的真实面貌一直难以被认清,随着近数十年来考古发现的不断增多,实物史料越来越丰富了,这就为我们直观地了解殷商时期玉雕艺术的成就创造了便利条件。虽然在学术领域关于殷商时代各类玉使用的种种背景尚存争议,但那些诉诸视觉的艺术成就无疑已经形象地呈现在我们面前了,凭借其难以阻挡的艺术魅力,穿过三四千年的时空隧道,至今光彩依然。

在考古学的分期中,商代文化被划分为早、中、晚三期。早期以二里头文化的三、四期为代表,因最初发现于河南偃师二里头遗址而得名;中期的代表器物出土于郑州商城二里冈文化的早晚期遗址;晚期最重要的代表则是殷墟文化。商代玉雕艺术的最高成就主要在晚期,而晚期的许多精彩玉雕作品又主要出自殷墟,所以在这里有必要先对殷墟遗址作简要介绍。

商王朝(约公元前 16 世纪~前 11 世纪)的后期,约公元前 14 世纪,盘庚迁都城于殷墟(今河南安阳小屯村及其周边地区),至帝辛(即纣王)止,历时 273 年。因此,后人也将商称为"殷商"。殷墟是中国历史上可以肯定确切位置的最早的都城之一。近百年来,经过持续的考古发掘,这里已出土了大量的有价值的遗迹和文物,可以证明当时的殷墟有着相当繁荣的手工业文化。特别是 1976 年发掘出来的殷墟五号墓,即妇好墓,共出土了 1600 余件文物,其中不少青铜器和玉器都可谓是艺术珍品。因此,殷墟玉器作为商代晚期玉器艺术的代表是当之无愧的。

从殷墟出土的玉雕作品可以看出，当时的琢玉技艺已经达到了相当精巧细致的程度，无论是选料、成型、琢纹、钻孔、抛光等工序，还是艺术法度上的把握，都体现了雕琢者们非凡的水平，这也正是殷商时代玉雕精品迭出的重要保证。

一、天然色泽的巧用

玉石的天然色泽绚丽多彩，尽管这种色泽的变化本是由矿物自身所含的化学成分不同或是某种物理原因造成的，但对它的认识与利用却蕴含着一个民族的文化取向。就玉的本色而言，大致有白、黄、青、绿、红、紫、黑等，其中各色又有着复杂的浓淡纯杂的变化。中国古代很早就将色彩与观念联系在一起，特别是用于礼仪或祭祀场合的礼器，材质的色泽是很讲究的，《周礼·大宗伯》中就谈道："以玉作六器，以礼天地四方：以苍璧礼天，以黄琮礼地，以青圭礼东方，以赤璋礼南方，以白琥礼西方，以玄璜礼北方。"如果说礼仪用玉的色泽选择是出于社会礼制的要求的话，那么对装饰玉雕的玉料色泽的选择则更多地体现着审美的需求。在许多装饰玉雕作品中，明显地可以看出作者在玉料的选择上是经过精心考虑的。有的是有意识地选择同一块或色泽相近的玉料来制作成对的动物形象；有的则利用玉石的天然色泽纹理，依色就势，有意识地创作出形色天然一体、形神皆备的作品，情趣盎然，这种工艺被称作"俏色"。比较典型的作品是 1975 年在殷墟发现的一件圆雕俏色玉鳖（图 2-1），所选玉料色泽为黑灰两色相间，雕刻时作者有意

图 2-1 俏色玉鳖 商代晚期

识地将黑色的部分置于鳖的背甲部位，而鳖的头、颈和腹部则为灰白色，使雕成的作品浑然天成，真可谓是惟妙惟肖、栩栩如生。此类将天然美与艺术美融于一体的创意，体现了作者的独具匠心。

二、齐全的品类

殷商时期的玉器种类已经相当齐全了，大致可分为礼器、仪仗器（或武器）、生产工具、生活用具、艺术品、杂器以及身体装饰品七大类。礼器在当时可以说是礼制和最高伦理的载体，要具体地分出何为礼器或非礼器，目前尚存争议。按《周礼》所记"六瑞"是指璧、琮、圭、璋、璜、琥。现代有的研究者也将环、瑗、簋和盘等划为礼器，而将璜、玦、琥、牙璧等划为装饰品。仪仗器（或武器）主要有戈、矛、戚、钺和大刀五种。生产工具类有斧、凿、锛、锯、刀、槌、觿、纺轮、铲、镰等。生活用具类有臼杵（用于研磨朱砂）、盘、梳、耳勺及斗等。作陈设观赏之用的艺术品数量不多，如圆雕蟠伏玉龙、玉虎等。杂器有玉韘（即扳指）、镞、玉弭、玉爵、玉策、玉吟，以及一些用途不明的玉器等。最后就是身体装饰品，在出土的殷商玉器中各式装饰品所占的比例最大，特别是在殷墟出土的玉器中，装饰品就有千件以上。据考察分类，这些装饰玉雕的用途大致可分为佩饰、头饰、冠饰、腕饰、坠饰、镶嵌饰等，其形态多样，题材丰富，工艺精良，具有很高的艺术价值。

三、丰富多样的装饰品造型

在殷商玉器作品中，最具艺术价值的品类当属丰富多样的装饰品。其中，各式佩饰和镶嵌饰品最令人瞩目。这些装饰品的题材以动物形象为主，同时也涵盖了人物、神话形象，以及璜、牙璧、玦、珠等。这里介绍部分艺术性较高且具时代特色的作品。

1. 动物题材玉雕

动物题材的玉雕数量很多,所涉及的动物种类不下30余种,有虎、熊、鹿、猴、马、牛、狗、兔、羊、蝙蝠、鸟、鹤、鹰、鸱鸮、鹦鹉、雁、鸽、燕雏、鸳鸯、鹅、鸭、鱼、蛙、龟、鳖、螳螂、蚱蜢、蝉、蚕、螺蛳等。其中鱼、鹦鹉形象最为多见。总的来说,动物玉雕以浮雕形式为主,其形象特征和神情虽以现实动物为原型,但在表现手法上却十分概括简洁,尤为重视外轮廓的完整性,具有较强的装饰感。

图2-2、图2-3均为以鹦鹉为题材的玉雕装饰品。从这两个作品中,我们可以看出当时的工匠对同一题材采取的不同处理方法。两者除基本

图2-2 玉长尾鹦鹉 商代晚期

图 2-3 玉双鹦鹉 商代晚期

形体和钩喙等造型相似外,其余部位几乎都有不同的变化。一为高冠长尾外形,目字眼、细长眉;一作短冠圆眼卷尾、背对成双。此外,两者所施纹饰也不相同。虽然它们都是以鹦鹉为原型,但无疑都经过了作者精心的提炼与加工,因而才会具有如此强的装饰性和多样的处理手法。

在我们的印象中,商代艺术从整体上显现出来的是一种狞厉和神秘的美,特别是青铜艺术,从造型到纹饰都让人有一种望而生畏之感。然而玉雕艺术却不然,体现出较为轻松活泼的独特情韵。如1987年河南安阳出土的一件玉鸭(图2-4),乳白色的玉料质朴浑厚,作者以几根极为简练的弧线,恰到好处地勾勒出一只丰满可爱的鸭子形象。整件作品除用阴刻的方法表现出鸭子的眼、翅和足的形态外,别无装饰。微微后倾的颈部和直面正前方的姿态,将鸭子的瞬间形态表现得相当微妙,在它身上全然看不到狞厉和神秘,只有生动和天趣。再如1991年山东滕州出土的玉鹿(图2-5),也同样散发着勃勃生机和天然的情趣。这件作品以

图 2-4 玉鸭 商代晚期

图 2-5 玉鹿 商代晚期

豆绿色兼微黄的玉料雕制,作者选择了鹿回首的姿态加以刻画,这一细腻的处理方式独具匠心。因为,在当时的动物装饰中(包括玉器在内的所有装饰),动物的形象大都是身首同向,较少作体态的扭转变化,而这件玉鹿却别出新意,这样的造型至少能带来两个方面的好处。其一,从艺术效果上看,它比身首同向的姿态更加生动、更富情趣,更能反映出鹿好动灵巧的特性。这种处理手法无疑最大限度地利用了玉材,作者很可能是因材施艺,充分利用了原材料的特点进行创作。其二,从作品的造型看,鹿的两角枝杈突出,瞪着圆眼,机警地注视着身后,似乎随时都会疾蹄奔跑逃离险情;圆润的身躯虽略显丰腴,却十分地可爱。像这类精彩的现实动物题材的玉雕作品还有许多,诸如妇好墓出土的玉兔(图2-6),作回首状的玉回首狗(图2-7)、玉象(图2-8)等作品,也都各有一番情趣。这种在玉器作品中所表现出来的轻松天趣,看似与当时的主流艺术风格并不吻合,或许是因为这种玉雕作品承载了审美的功能,而不像青铜器或玉礼器那样,肩负着诸多艺术以外的重任,这恰好给匠人们创造了一片可以抒发才情的天地。

2. 人物题材玉雕

从出土的玉雕作品来看,这一时期的人物玉雕以圆雕居多,有全身像和头像两种。

图2-6 玉兔 商代晚期

图2-7 玉回首狗 商代晚期

图 2-8 玉象 商代晚期

全身像玉雕之姿态、表情多作静穆跽坐之状,如 1976 年在殷墟妇好墓出土的腰佩宽柄器玉人(图 2-9)。其双手抚膝跽坐,颇具代表性。造型虽然简约,但服饰装束却被作者清晰地刻画出来了,成为我们了解和研究商代服饰的绝好材料。该玉人梳一条长辫盘于头上;戴圆箍形束发饰,其前有一卷筒状饰物;腰系宽带,发饰和衣服上均有纹饰;腰左侧佩有一器,宽柄卷云形头,上饰节状纹和云纹。从装束上看,这应该是一个贵族的形象,很可能是一种礼器。

全身像玉雕一般为跽坐式,但也有例外。在妇好墓出土的玉雕中,就有一件浮雕玉阴阳人(图 2-10),为站立姿势。有趣的是,浮雕的一面为男性形象,而另一面则为女性形象。其具体寓意现已难以考证,或许含有某种巫术的意义。

头像玉雕无论是圆雕还是浮雕,大都采取夸张的手法,面目狰狞、獠牙外露,好似人兽合体,让人不禁想到当时盛行的饕餮形象。

3. 神话题材玉雕

神话题材主要包括龙、凤和怪兽等,这类作品虽然数量不多,却也不

中国玉器艺术

图 2-9 腰佩宽柄器玉人 商代晚期

图 2-10 玉阴阳人 商代晚期

乏精品。如 1976 年妇好墓出土的一件浮雕玉凤（图 2-11），其造型已与后来定型的凤鸟形象十分接近，这在商代的装饰品中还是不多见的。该凤鸟用黄褐色玉料雕成，作侧身回首之状，头上有镂空冠，长尾飘逸舒展，悠闲地飞翔在空中。纹饰十分简洁，仅在翅膀上雕琢了几条阳线纹，代表翎羽，其他部位均素面无纹，使其婀娜的身姿更为突出。

图 2-11 玉凤 商代晚期

总之，殷商时代的玉雕艺术品不仅数量多、题材广、工艺精，而且在审美趣味上也是高层次的，尤其是在艺术风格上表现出来的与青铜艺术之异趣，恰好说明了人的审美需求是多样的，即便是暂时处于非主流地位的艺术风格，只要是合乎人的精神需求的优秀艺术品，其魅力都将是永恒的。

中国玉器艺术

第三章

春秋战国玉器概述

春秋战国时期（公元前770年～前221年）是中国历史上一个伟大的变革时代，在社会体制方面，正是奴隶制社会向封建制社会转型的时期；在社会形势方面，小国林立，彼此吞并，战争频繁，直至归并为几个大国，形成了大国争霸的社会局面；同样在这一时期，文化得到了空前的发展，兼并与战争在客观上起到了促进地域文化交流和融合的作用，使这一时期的思想异常活跃，出现了"百花齐放，百家争鸣"般灿烂的文化景观。

春秋战国时期的玉器工艺，与当时的青铜工艺、髹漆工艺和印染织绣工艺等一样，均有了很大的发展，无论在玉质材料选择的精美度与多样性方面，还是在雕琢工艺的进步、造型与纹饰的艺术性方面，都出现了崭新的面貌，为后世玉器工艺的发展与繁荣奠定了重要基础，在我国玉器工艺发展史上具有举足轻重的地位。

一方面，自商周以来，玉器一直被上层统治阶级视作地位与身份的象征，多作为礼器使用。进入春秋战国之后，玉的地位更是倍增，并将玉那温润光泽的天质与当时的道德观念相比附，所谓"君子比德于玉""言念君子，温其如玉"等，把玉同仁、智、义、礼、乐、忠、信、天、地、德、道等一系列当时所遵奉的观念相联系，把玉视作珍宝，系于身上以表其德。这对于玉器工艺的发展具有很大的促进作用。另一方面，铸铁技术的发展以及长期以来雕琢经验的积累，也为玉器工艺的进步提供了必要的技术保证。其他诸如审美趣味、社会习俗等因素也都是造成这一时期玉器艺术出现新气象的重要因素。

一、玉器的种类

目前在全国各地发现的春秋战国时期的玉器种类繁多，其中春秋时期比较重要的发现有：河南淅川下寺一号墓出土了400余件玉器，包括璧、璜、琮、玦、钺、簪、瑗、牌、佩、梳以及多种饰件等；河南光山县宝相寺黄君孟墓出土了春秋早期的玦、璜、环、觿以及各种玉佩饰等；山东蓬莱村里集春秋墓出土了玉璜、玉兽面纹饰等。此外，河南洛阳小屯村、金村等地墓葬中也都有春秋时期的玉器出土。

战国墓葬中出土的玉器数量更是空前：湖北随州曾侯乙墓出土了300余件制作精良的玉器，包括璧、环、玦、璜、琮、佩、挂饰、梳、带钩，以及双面玉人、牛、羊、猪、犬等大小型圆雕玉器；河南辉县固围村一号墓出土了一套玉礼器，包括玉册、玉圭、玉璜、玉环等，共计105件；河北平山战国末期墓中出土的玉器多达3000余件，其中佩饰品种丰富多样，包括环、瑗、璜、双虺首瑗、夔首玦、夔首觿、夔形佩、鱼形佩、琮形坠、柱状坠等，还有梳、方牌、圆形饰等；安徽长丰县杨公乡战国晚期墓中出土了玉璜、玉觿、玉佩等。此外，河南信阳长台关楚墓、江陵望山楚墓、河南洛阳小屯村战国墓等都有各类玉器出土。

综观春秋战国时期的玉器，根据其用途大致可分为三类：其一为礼器类，如琮、璧、圭、璜等；其二为实用器类，如梳、觿、带钩、灯等；其三则为装饰与艺术品类，如环、玦、瑗、笄等各种佩饰，以及许多作为陈设品的玉雕人物、飞禽走兽等。

作为礼器的琮、璧、圭、璜和作为实用器的梳、觿等大多继承了商周玉器的基本形制，而玉带钩和玉灯却是这一时期出现的新品种。1976年湖北随州曾侯乙墓出土了3件战国早期的玉带钩，其中最大的一件长6厘米。3件带钩的玉质皆呈青色，局部有紫褐色斑痕，体肥钩细，呈琵琶形，钩首的形象各不相同，分别为龙首、鸟首和兽首，这是迄今所知最早的玉带钩（图3-1）。1978年河北平山县中山国墓也出土了一件战国中期的玉带钩，长17.5厘米，宽2.2厘米，玉料呈深青色，局部也有褐色浸痕，钩体细长，腹略宽，首尾均饰以隐起的兽首，弧形钩面上饰

图 3-1 玉带钩 战国早期

图 3-2 玉带钩 战国中期

以琢刻精细的纹饰，是早期玉带钩的珍贵作品（图 3-2）。故宫博物院藏有一件战国时期的玉勾连云纹灯（图 3-3），是目前所知战国灯中唯一以玉为材料制作的灯。该灯高 12.8 厘米，盘径 10.2 厘米，系用新疆和田青玉制成，局部有褐色浸痕。灯的造型与当时的青铜灯相似，上部为浅盘，盘中央有一凸起的五瓣团花，下有一束腰圆柱，柱上部饰有仰形三叶纹，

图 3-3 玉勾连云纹灯 战国

下部满饰勾连云纹，柱下承一覆圆盘形足，盘中饰有五瓣柿蒂纹，足底及缘均饰勾连云纹，造型典雅，制作精细，是一件难得的佳品。

  作为装饰与艺术品的玉器，在春秋战国时期的玉器中占有相当大的比重。有的礼器和实用器往往也同时用作装饰品，如礼器中的璧、璜，实用器中的觿等，这类玉器的造型、纹饰往往最具有艺术性。许多构思独特新颖、造型美观、雕琢精巧的玉器都属于此类。

二、玉器工艺的进步

春秋战国时期玉器工艺技术的进步主要表现在三个方面，即玉质材料的选择、新型雕琢工具的使用和雕琢技术的精湛。据鉴定，春秋战国时期玉器所用之玉料大多来自新疆和田、辽宁岫岩和河南南阳等地。和田玉的质地坚密，光泽明亮，色彩艳丽，尤以质地纯净的青玉、墨玉和羊脂白玉最为著名；岫岩玉以玉色绚丽和独特蛇形纹理而闻名，又称"蛇纹软玉"；南阳玉以质地细腻、光泽明艳和硬度较高而见长，堪与翡翠相媲美。其中尤以和田玉为最，先秦思想中"君子比德于玉"就是将当时的道德观念与和田玉之物性特征相比附的，足见其在当时受推崇的程度。有"玉器冠冕"之称的大玉璜（河南辉县固围村一号墓出土）就是由标准的和田玉琢成，其精巧细腻的雕工与光滑润泽的材质相得益彰，是战国玉器宝库中的瑰宝。

铁器工具的广泛使用是先秦玉器雕琢工艺取得显著进步的又一重要原因。它推动了砣具和其他雕琢刀凿类工具的改革，如果没有砣具的改革，要雕琢出如此精致的玉器是难以想象的，正如杨伯达先生所言：砣具的改革，首先是圆形砣具材料可能以钢铁取代了原来的青铜；其次是旋转速度更快，这必然涉及砣具结构上的改革；其三是启用高硬度的琢玉用金刚砂。这几个方面的条件是这一时期玉器雕琢能达到如此精美绝伦的基本保证。当然，有了得心应手的工具，还需要有高超娴熟的技巧。一般来说，完成一件玉器制品要经过锯截、琢磨、穿孔、雕刻和抛光等若干工序。先秦琢玉工艺技巧之卓越是前所未见的，比如曾侯乙墓出土的玉多节佩，在整块玉料上雕琢出活环套连，是我国最早使用这种技术的遗物。其细如发丝的纹饰、婉转自然又遒劲利落的线条等，都标志着这一时期琢玉工艺技术比商周时期有很大的进步。

此外，春秋战国时期的琢玉工艺还与青铜工艺相结合，在商代青铜镶玉工艺的基础上有了更进一步的发展,并与多种材料结合运用,创造出空前华丽绚烂的装饰效果。

三、玉器的造型与纹饰

春秋战国时期玉器的造型丰富多样,其中一部分是已经定型化的传统形制,这类玉器多为传统礼器,在形制与纹饰上都已被赋予了特定的观念。如璧,扁圆形正中有孔谓之璧,分大小两种。大璧为天子或诸侯礼天之器,故用圆形以象征苍天,璧上又多饰有纹饰,或谷纹,或蒲纹。饰谷纹者,为谷璧子所执,取养人之义;饰蒲纹者,为蒲璧男所执,蒲即席,以取安人之义等。小璧则主要用于系佩,是组玉佩中重要的部分。这一时期的玉璧,造型规整,制作精致。战国时期的玉璧,除了有谷纹、蒲纹、蚕纹等纹饰外,还出现了在中间圆孔内或外缘加饰虎形、鸟形和龙凤形等内容的,成为战国玉璧的一种特色,并为汉代所继承。如故宫博物院所藏的一件战国的玉镂空螭虎纹合璧(图3-4),璧分为两半,拼合成完整之器。璧环上满饰以排列均匀整齐的谷纹,中央"好"部(即玉璧中间的圆孔)雕镂着一头雄浑威猛的螭虎,曲体卷尾俯首,张口露齿,有角,与翘起的卷尾处理恰好适合于圆形之中,设计水平十分高超。另外,故宫博物院还藏有一件玉螭凤云纹璧(图3-5),形式与上件相似,中央有一龙,所不

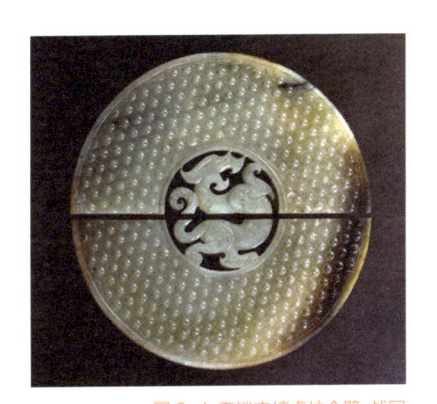

图3-4 玉镂空螭虎纹合璧 战国

图3-5 玉螭凤云纹璧 战国

同的是在璧外缘饰有一对对称的变体凤纹，高冠长尾，颇具特色。其他如大好之瑗、半璧形璜、缺口形玦等传统形制依然流行。但也有一些变化，如动物形璜，有的在璜的边缘加饰以透雕内容。如安徽长丰县杨公乡出土的一件战国玉双凤纹璜（图3-6），在外缘中部加饰有一对对称的透雕回首凤鸟，璜的两面均以谷纹为底，上面用阴线刻出涡卷云纹，颇具新意。

在这一时期的玉器中，造型最为多样的是各种佩饰，常见的佩饰造型有龙形、凤形、虎形、兽面形及几何形等，而且纹饰也较丰富，常见纹饰有云纹、涡纹、回纹、谷纹、圆圈纹、圆点纹、方格纹、斜格纹、直线纹、水波纹，以及龙凤纹、鸟纹、兽面纹、虎纹、螭纹、蝉纹、鱼纹等。刻纹的手法也明显比西周时期多样，有阴线、隐起、双线、镂空、单面雕或双面雕等。艺术风格也因地区的不同而存在着较大的差异。

龙凤题材是这一时期玉佩饰造型最常见的内容，尤其是龙形最具特色，诸如龙首璜、龙形觿，以及各式各样的龙形佩等。以龙纹为饰的玉

图3-6 玉双凤纹璜 战国晚期

佩饰也较多见，如龙纹玦、龙纹冲牙等。安徽长丰县杨公乡出土的战国晚期的以龙为造型的各种玉佩饰，构思新颖独特，雕琢精致细腻，风格优美典雅。比较典型的龙凤形玉佩饰包括玉双龙首璜、玉镂空龙形佩、玉镂空龙凤形佩以及玉龙形觿等。这些玉佩饰在外形上只在龙口部略有变化，有的刻纹首身极为近似，需仔细辨认才能分出。如曾侯乙墓出土的一件玉双龙首璜，两端各饰一张口的龙首，外形没有变化，仅在张口部缺去一口，并满饰以云雷纹、蚕纹来表示龙的五官和麟甲，总体看去繁复且难辨具体形象。相比之下，杨公乡出土的玉双龙首璜，两端龙首清晰写实，采用隐起线形与坡面浮雕式雕刻手法，使其富有较强的立体感，刀法犀利遒劲，弧形璜体为龙身，饰以排列整齐的勾连云纹，风格清新。（图3-7、图3-8）

玉镂空龙形佩的造型更为独特，龙体为盘曲自如的不规则形，作回首游动状，通体饰以凸起蚕纹，并饰有两鸟，在战国玉佩中极为少见。

图 3-7 金镂玉璜 战国早期

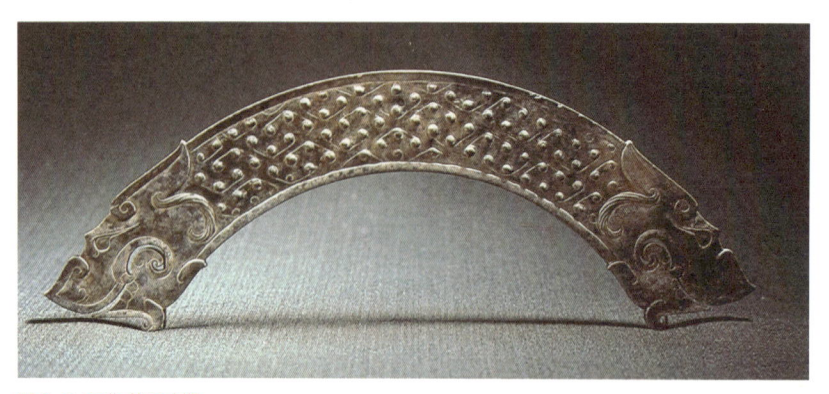

图 3-8 玉璜 战国晚期

图 3-9 玉镂空龙凤纹佩 战国晚期

以设计精巧而著称的玉镂空龙凤纹佩（图 3-9），左右对称，两端为侧身的龙形，龙身拱起较平直，全身饰以规整排列的勾连云纹，拱身下有一对透雕的凤鸟，凤鸟为长冠卷尾，相背而立，翻转灵动的龙凤造型与均匀规整的勾连云纹和对称的总体格局形成了鲜明而美妙的对比，堪为战国玉佩中之精品。与这种形式相似的玉佩在河南战国墓中也有出土，但龙身下的凤纹换成了牛首纹，可见这种造型在当时是比较流行的。

杨公乡出土的玉龙形觿（图3-10）更体现了造型创意上不拘常形，富有创新精神的时代特色。过去所见之觿多为外形规整的角状形，纹饰也主要采用线刻的方法，如河南光山县宝相寺黄君孟墓出土的一对春秋早期的玉冲牙，形似牙，以平面双勾线刻出一张口侧身的夔龙。古代玉冲牙与玉觿的形制基本一致，差别主要在用途上：玉冲牙佩于身上，使其与其他玉器碰击而发出铿锵之声；而玉觿既可用以解结，又是一种佩饰，并有解疑排难之寓意。与黄君孟墓出土的玉冲牙及其他传统觿的形制相比，杨公乡出土的这件玉龙形觿在造型上作了大胆的变化处理，龙形作俯首曲体状，似凌空跃起，突破了传统的规则弧面，并巧妙地与月牙形觿体相融合，玲珑剔透，独具韵味。

另外，中山国国王墓出土的一件玉透雕三龙环形饰（图3-11），也是颇具特色的作品。该玉饰中间为一圆环，环外有三条回首拱体卷尾的透雕龙，形态相同，作爬行状旋转排列，形象十分生动，富有很强的运动感。

图3-10 玉龙形觿 战国晚期

图 3-11 玉透雕三龙环形饰 战国中期

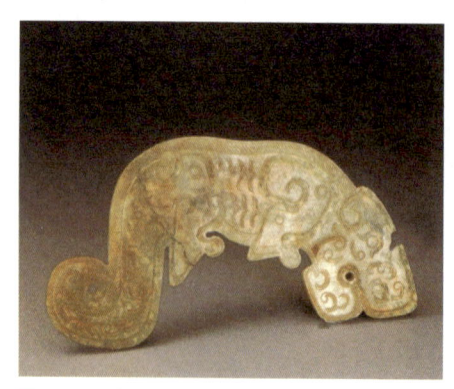

图 3-12 玉虎形佩 春秋早期

以虎为造型的玉佩饰也较多见。春秋早期的虎形玉饰与西周晚期相似，刻纹以单线或双线为主，如黄君孟墓及下寺楚墓等处出土的玉虎形佩都具有相类似的特征。战国时期以后的玉虎造型则有较大变化，纹饰形式也较多样。（图3-12）

战国时期的玉佩饰还有作人形的，颇具特色。郭沫若曾考证过一组战国时期的佩玉，其中有一坠饰为两舞姬相立形，作长袖曼舞之状，长裙曳地，形象颇为写实，是一件难得的珍品。

春秋战国时期的玉器中还有许多精美的圆雕制品，同样体现了这一时期玉器工艺的卓越水平。曾侯乙墓出土的各种小型圆雕动物玉器有牛、羊、猪、犬等，精巧玲珑，造型十分可爱。山东曲阜还出土有一件战国晚期的玉马（图3-13），高5.6厘米，宽1.8厘米，体态丰腴，作昂首直立状，下有方形底座，眼和口以阴线刻出。此器琢磨精细，光亮圆润，是迄今所见最早的玉立雕马。另外，河南洛阳小屯村出土的战国玉人骑兽佩（图3-14），也是具有代表性的圆雕作品，高仅3.1厘米，长3厘米，宽1.4厘米，骑兽者为一孩童，头梳双丫髻，椭圆形面，双手前伸执兽耳，兽似虎形，兽身饰以线刻卷云纹、斜格云纹，刻纹线条细如发丝，整体造

图 3-13 玉马 战国晚期

图 3-14 玉人骑兽佩 战国中期

型丰满可爱,制作精细。同墓还出土了一件骑兽孩童玉雕,体积则更小。两件玉雕构思精巧,立意饶富情趣,且均有穿孔,可以佩系。

  总之,春秋战国时期的玉器艺术上承商周,下启秦汉,是中国玉器发展史上重要的一环,无论从艺术的角度还是从技术的角度对其加以考察,都具有很高的价值。

中国玉器艺术

第四章

战国时期的佩玉

佩玉是佩饰的一种，在我国古代，佩饰主要是指悬挂在腰带上的饰品。中国人佩玉之风习起源很早，早在《诗经·郑风·女曰鸡鸣》中就有这样的描写："知子之来之，杂佩以赠之。知子之顺之，杂佩以问之。知子之好之，杂佩以报之。"这里所说的"杂佩"就是指玉器佩饰。（图4-1、图4-2）

佩玉在整个中华传统文化中具有相当重要的地位，而这种重要地位的形成首先是与中国人观念的发展变化密不可分的。早在新石器时代，玉作为一种"美石"，就与祭祀礼仪等观念性的活动联系在一起了。发展到春秋战国时期，本为自然物质的玉石被人为地赋予了丰富的文化内涵，特别是在中国传统文化中占有突出地位的儒家思想中，把仁、智、义、礼、

图 4-1 青玉蟠螭纹龙形佩 战国早期

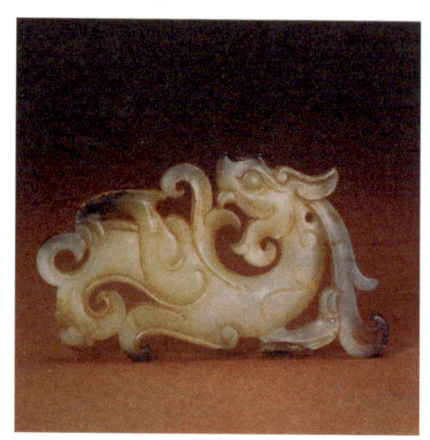

图 4-2 玉螭形佩 战国

乐、忠、信、天、地、德、道等观念与玉的天然物理性能相比附，于是出现了玉有五德、九德、十一德等学说。在《礼记·聘义》中有这样一段记载：子贡问孔子，为什么君子贵玉而贱珉（一种近似于玉的石头）呢？是不是因为玉少而珉多的缘故？孔子回答说："非为珉之多，故贱之也；玉之寡，故贵之也。夫昔者君子比德于玉焉：温润而泽，仁也；缜密以栗，知也；廉而不刿，义也；垂之如队，礼也；叩之其声清越以长，其终诎然，乐也；瑕不掩瑜，瑜不掩瑕，忠也；孚尹旁达，信也；气如白虹，天也；精神见于山川，地也；圭璋特达，德也；天下莫不贵者，道也。《诗》云：'言念君子，温其如玉。'故君子贵之也。"孔子的意思是说：不是因为珉多才被轻视，玉少才被重视。这是由于古来的君子都把玉比拟为道德，象征着德行的缘故。接下来孔子就对玉的11种象征一一作了解说，认为玉质温柔滋润而有恩德，象征仁；坚固致密而有威严，象征智；锋利、有气节而不伤人，象征义；雕琢成器的玉佩整齐地佩挂在身上，象征礼；叩击玉的声音清扬且服于礼，象征乐；玉上的斑点掩盖不了其美质，同样，美玉也不会去遮藏斑点，象征忠；光彩四射而不隐蔽，象征信；气势如彩虹贯天，象征天；精神犹如高山大河，象征地；执圭璋行礼仪，象征德；天底下没有不贵重玉的，因为它象征着道德。《诗经》上就说：经常谈论君子，温和得像玉一样。所以，君子贵重玉。从这里可以看出，玉器早已超出了一般的审美范畴，而是作为一种观念的载体，成为儒家理论体系内核中的重要象征，对玉的形而上的理论概括也就在这一非同寻常的时代中基本完成了。郭宝钧先生曾总结道："抽绎玉之属性，赋以哲学思想而道德化；排列玉之形制，赋以阴阳思想而宗教化；比较玉之尺度，赋以爵位等级而政治化。"至战国时期，这一观念体系已基本建立并比较完备，这种观念体系可以说是后世玉器发展不衰的理论根据和精神支柱。

  正是由于玉器与道德人伦观念的密切联系，才有了"凡带，必有佩玉""佩玉表德""古之君子必佩玉""君子无故，玉不去身"之说，从而使战国时期的佩玉之风盛行，并对后世产生了深远的影响。

  战国时期人们佩玉是有很多讲究的。一方面，不同阶层的人所佩之玉是不同的，有着严格的礼制规范，正如《礼记·玉藻》中所言：天子佩白玉，公侯佩山玄玉，大夫佩水苍玉，世子佩瑜玉，士佩瓀玫；另一方面，佩玉的形式也很重要，特别是佩玉的系列组合是相当复杂的。一般来说，佩玉多为成串的组合，有时一串佩玉会由十件乃至几十件玉器组成，这种被编串在一起的玉器佩在身上，走起路来铿锵有声，即《礼记·玉藻》中说的"行则鸣佩玉"，苏东坡也有"更爱玉佩声琅珰"之说。遗憾的是我们现在已经很难准确地再现当时的组合了，郭沫若等前辈学者曾对战国的佩玉制度及组合关系作过考证，留下许多有益的启示（有关内容参见郭沫若《金文丛考》）。本文所要介绍的是几件出土的战国时期佩玉，严格地说，它们只是佩玉组合中的一个局部，但无论从艺术的角度还是从技术的角度去看这些古代作品，都具有其独特的价值。

战国时期的佩玉在全国各地均有出土，其中较为重要的出土墓葬如湖北随州曾侯乙墓、河南信阳长台关楚墓、河南辉县固围村魏国墓、河北平山县中山国墓等。出土的佩饰玉器品类有环、瑗、璜、玦、觽，以及各种动物形和几何形佩饰。从考古发现中可以了解到，这个时代的佩玉不仅数量多，选材讲究，而且其生动的艺术处理和精妙的琢玉工艺等都可谓是空前的。总的来说，战国时期佩玉的主要特点是这一时期玉器艺术特征的缩影，即前文中曾提到的三个方面：优良的玉质、精湛的琢玉工艺和以龙凤为主的装饰母题。

一、优良的玉质

战国时期和田玉的使用明显增多，尤其是王侯望族们的佩玉多使用和田玉，玉质温润光泽，多为青白色。如河南辉县固围村出土的一件大玉璜就是由七块标准的和田玉制成，玉色白而泛浅浅的灰，玉质细腻，光泽晶莹，被誉为"玉器冠冕"。当然，那些中小贵族所用的玉材则多为一些价格较低的地方玉。

二、精湛的琢玉工艺

战国佩玉制作工艺的精湛既体现在器物的造型设计上，同时也反映在装饰纹样的琢刻上。1978年湖北随州擂鼓墩曾侯乙墓出土了300余件玉器，其中玉多节龙凤纹佩（图4-3）堪称精美绝伦之作，是迄今发现的制作工艺难度最大的战国玉器。这件玉佩分为五组，分别由五块不同形状的白玉雕琢而成，并采用镂空套环、榫头和铜插销等配件连接成一串，全长达48厘米。更具匠心的是琢玉者还把这些连接件设计成可拆卸的活环，必要时可以分成五个小型玉佩来使用。造型上以夔龙、夔凤的形象为主，精致华美，每一个细节的设计都很周密，镂空的分布匀称和谐，一丝不苟，不失为一件战国玉器之瑰宝。另外，同为该墓出土的玉四节佩（图4-4）也是一件上乘之作。该器的玉料呈青色。全器由四节组成，分别以三个透空活环相连接，重要的是这三环四节完全由一整块玉雕镂而成，可开可合，这也是我国最早把一块玉料雕琢为活环套连接之器的实物之一。战国佩玉精湛的工艺技术还体现在装饰手法的多样性上。这一时期的玉器装饰多将过去单纯的阴线刻与隐起、平凸和镂空等琢法穿插运用，

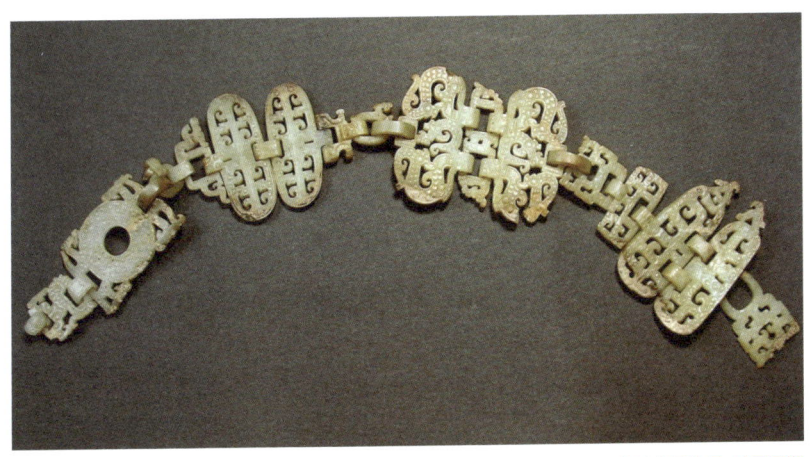

图4-3 玉多节龙凤纹佩 战国早期

图4-4 玉四节佩 战国早期

表现出灵活多变的技法特点，所刻线条挺拔流畅、遒劲利落、变化丰富。凡此种种都是与当时琢玉技术的进步分不开的，其中铁器的广泛使用是个重要原因，它对琢玉的重要工具——砣具的改进具有重要意义。

三、以龙凤为主的装饰母题

在战国佩玉装饰中，从外形到纹饰最多见的主题就是龙，其次是凤、虎和蛇等动物形象。龙和凤作为中国人创造出来的神瑞动物形象，在这个时期常常相伴出现，而且组合得相当巧妙。如1977年安徽长丰杨公乡出土的玉镂空龙凤纹佩，器扁平，形似璜的变异，左右对称，两端各雕一侧身挺胸之龙，双龙共一身；弓形腹下安排了一对透雕立凤，长冠卷尾，相背而立。这种龙与凤的组合设计得十分巧妙，也许对于我们来说，它本来的意义已变得神秘而难以准确解释，但其艺术处理的效果却一目了然：疏与密、实与透、面与线等形式的处理，都可谓是无懈可击，令人赏心悦目，尽享美感。另外，设计者还应该有使用上的考虑。佩上方有一穿孔，用于系挂，双龙腹下的两孔以及透雕双凤留下的空隙均可用来系挂系列组合的佩玉，所以这可能就是系列佩玉组合中的一个主要部件——衡（也作"珩"）。我们所知与珩组合的佩玉有璜、琚、瑀、冲牙和蠙珠等。战国佩玉装饰中龙凤主题的设计不仅有上述的组合类型，还有做龙凤合体造型的。如同为安徽长丰出土的这件玉镂雕龙凤佩（图4-5），此器为扁状龙形，两面镂雕的纹饰相同，龙作曲身回首状，身上满饰谷纹，龙的尾部很自然地演化为一凤首。这种龙凤转换的设计是战国玉器造型的一个特色，龙凤二瑞被处理得浑然一体，体现了制作者丰富的想象力，同时其颇具神秘感的意味令人遐想。

安徽长丰杨公乡出土的玉觿也是一件龙形佩玉，上宽下尖，上端镂雕为龙首形，尖尾如锥。《说文》云："觿，佩角，锐端，可以解结。"段玉裁注："觿所以解结，成人之佩也。"古人佩觿是与佩玉相关联的，它既是一种佩饰品，同时又有实际的用途。前面谈到佩玉者行走时，玉器碰撞会发出铿锵之声，

图 4-5 玉镂雕龙凤佩 战国晚期

倘若不想让其出声，人们就会在有关地方打一个结，这就是结佩。所谓居则设佩，朝则结佩。尔后要解结，便用这觿了。

战国龙形觿的形式也有多种变化，同为中山国墓出土的另外两件龙形觿也颇具特色。其中一件玉质半透明，呈灰绿色，器形作虹曲状，回首卷尾，形似飞奔，内饰阴线刻纹，身体部分刻涡卷纹，颈、尾和足部饰长节状片纹，中部有一孔供佩挂时穿系。另一件龙形觿的装饰风格与前者相同，但身体翻转变化较多，用于解结之尖部设在龙角处，而前一件则设于龙的后足部。由此可见，玉工在琢刻时具有较大的自由度，也可能是根据玉料的天然形态随形就势地加以构思的。（图4-6、图4-7）

以龙为主题的战国佩玉数量庞大，精彩的作品也多，此处再举两例。1965年湖北江陵望山二号墓出土的一对战国晚期的玉龙形佩（图4-8），玉料呈碧绿色，质地温润而有光泽。两器形制基本相同，可在佩挂时作对称形式排列。龙体的造型以常见的"S"形为结构，尾和足等形态则

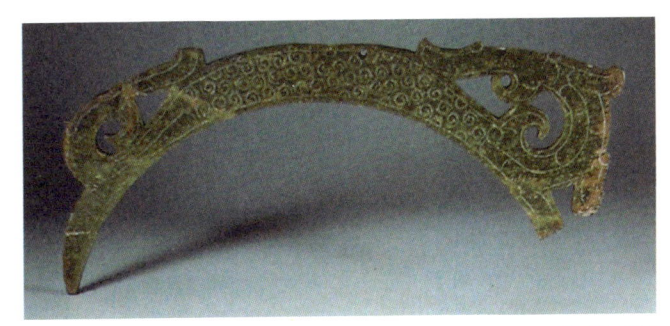

图 4-6 龙形觿 战国

图 4-7 龙形觿 战国

图 4-8 玉龙形佩 战国晚期

以身体为基准，顺势翻卷，中间满饰涡卷纹（也有称此为卧蚕纹的）。这一对玉龙形佩刻工非常讲究，琢磨得相当光滑，与玉料之天质珠联璧合，相得益彰。1977年河北平山县中山国一号墓陪葬墓出土的夔龙黄玉佩（图4-9）。该玉呈黄褐色，半透明而有光泽。作品中回首状的龙形翻卷变化幅度较大，其外形设计应该是与玉料原有的形态有关，也就是琢玉工在最大限度地利用原玉料的基础上来设计经营其外形，同时又能巧妙地利用龙体的翻转来适合这一外形，这是装饰艺术创造中常用的手法，但运用得巧妙与否却是大不相同的。另外，我们也可以看到，装饰艺术结构中波状曲线的反向翻转手法在这里已经得到了很好的运用，只是在汉代之前，这种装饰形式尚未被运用于等距连续的边饰之中，但其原理显然已经被玉工们所掌握。

图4-9 夔龙黄玉佩 战国中期

图 4-10 玉双龙双虎佩 战国

除单独的龙主题玉佩饰外，还有以龙为主，与其他吉祥元素相组合的设计。上一章中提到的玉镂空龙凤纹佩和本章中提到的玉镂雕龙凤佩，都是以龙为主、以凤为辅的玉佩设计例子。此外，还有龙虎组合和龙牛组合的玉佩饰。例如，现藏于故宫博物院的战国玉双龙双虎佩（图4-10）就是一件艺术水准很高的作品。其以拱身双首龙为主体，左右对称，在中间拱下空间内饰有一相对对称的虎纹，其形恰好适合其中，虎体作"S"形结构，具有很强的动感和视觉张力。可以说，这是一件近乎完美的艺术品。

玉双夔龙纹佩（图4-11）的基本结构与上件相似，只是在两边龙身下各加了一上举之足，最主要的不同之处是在拱下设计了一对角朝下的倒置牛首，其形也是恰好适合于拱下的空间之中，也可谓是匠心独运，

图 4-11 玉双夔龙纹佩 战国中期

图 4-12 玉双凤饰璧 战国中期

是一件独具特色的玉器艺术精品。

在战国玉佩饰中,凤的主题虽然并不鲜见,但大多作为辅助形或配角出现,偶尔也有例外的艺术水平很高的作品。如 1977 年河北平山县中山国一号墓出土的玉双凤饰璧(图 4-12),其中间为圆形璧,两边各饰一回首卷身之凤鸟,呈对称形式。该玉呈白色,透明度较高,有浸斑,玉

图 4-13 玉凤鸟形佩 战国晚期

质温润。凤鸟形态与习见的龙纹相类,主要的不同之处在其尖钩状的喙部。这件玉佩虽然主体是璧,凤仍然属于附饰,但也是不多见的,其雕琢镂刻工艺颇精。战国晚期的玉凤鸟形佩(图 4-13)则是一件完全以凤鸟为主题的佩饰,玉质洁白温润有光泽。凤鸟作昂首翘尾、双足后曲振翅欲飞之态,形体曲线处理得优雅柔顺,将凤鸟轻灵秀美之气充分地体现了出来。其阴刻线纹装饰也十分简洁,与整体神气的表现相一致,是一件难得的佳作。

战国佩玉的造型除龙凤外,还有像虎形佩、鱼形觿、蛇纹佩、鹦鹉佩以及人形佩等。从现有的发现来看,以虎形为主题的玉佩相对较多,也说明其在当时的流行程度,它是仅次于龙凤母题的重要题材。(图 4-14)

总之,战国佩玉在我国玉器史上享有十分特殊的地位。无论在思想观念、设计构思方面,还是在艺术表现的手段和技术等方面都获得了重要发展。这是一个承上启下的时代,是一个文化刚刚摆脱了沉重的羁绊走向自觉的时代,它为以后佩玉的发展奠定了坚实的基础。

图 4-14 玉虎形佩 战国早期

中/国/玉/器/艺/术

第五章

汉代玉器艺术

汉代是我国历史上一个国力强盛、疆域辽阔、经济繁荣的时代。在学术与文艺方面，它上承先秦，兼收并蓄不同地区的文化，并开时代之新风，创造出了举世瞩目的汉代文明，对中华传统文化的形成与发展产生了巨大影响。所以说，汉代也是一个继往开来的时代。

从西汉到东汉，先秦诸子的学说思想都受到不同程度的重视。虽然出现过汉武帝"罢黜百家，独尊儒术"的阶段，但事实上在汉代人的观念意识中并非仅儒一家，而是多种观念错综交织。儒家的人伦道德与道家的玄妙之谈并行不悖，经学纬学并治，阴阳之学盛行，并由阴阳家而发展为谶纬迷信。因此，我们在汉代的艺术中看到的是现实世界与冥界、仙界交杂并陈，生人、死者共置一处，或许正是《法言·杨子》中"通天地人为儒"思想的体现吧。

艺术作为一种精神的产物，反映的是特定时代的观念意识，孰兴孰衰以及风貌特征均由那个时代文化的大环境所造就，玉器艺术当然也不例外。在汉代，一方面儒家思想中"君子贵玉"的传统得到了继承和发扬；另一方面，长生不死、羽化升仙的美好祈求造成了厚葬之风盛行，这恰好又与儒家教义中的孝子悌弟思想相吻合。凡此种种，都为汉代发展成为我国玉器史上又一高峰奠定了重要基础。

与此同时，汉代手工业技术整体发展水平的提高为玉器制作工艺的进步提供了重要的条件。所以在汉代玉器的制作中，镂空技艺的应用更加普遍，透雕、圆雕及高浮雕的玉器作品明显比前代增多。东汉时的琢刻技术更是精益求精，正如明代高濂在《燕闲清赏笺》中所说："汉人琢磨，妙在双钩，碾法宛转流动，细入秋毫，更无疏密不匀交接断续，俨若游丝白描，毫无滞迹。"随着近现代考古发掘工作的开展，目前已出土了相当数量的汉代玉器，这就为汉代文化的研究以及汉代玉器艺术的鉴赏提供了宝贵的实物资料。

如果按玉器的社会功能和实际用途进行划分的话，汉代的玉器可分为六个大类，即礼仪用玉、装饰用玉、丧葬用玉、日常用玉、陈设艺术品和辟邪用玉。

1. 礼仪用玉

自先秦以来，礼仪用玉一直是玉器最重要的用途之一。据《周礼》记载，先秦时代的玉礼器主要有璧、琮、圭、璋、琥、璜六种，但是到了西汉时期，玉礼器的种类发生了变化，在原来的六种玉礼器中，除了璧和圭两种仍然用于礼仪活动外，其余四种均不再用作礼器了，有的甚至不再制作了。当时玉璧的用途也分两种：一种是天子用于祭祀的玉璧，这类玉璧的装饰比较简单，以线刻纹为主，较多见的有蒲纹、谷纹和涡纹，也有的饰以龙凤纹等（图5–1）；另一类玉璧的功用已发生转变，主要用于佩挂，是成组玉佩中的一件。这类玉璧制作讲究，装饰华美，且多采用透雕手法。玉璧的"好"（即玉璧中间的圆孔）中常饰以透雕装饰，将雕饰延伸至璧缘外的现象，比战国时更为普遍且丰富，从而使玉璧的形态异彩纷呈。这已经属于装饰用玉的范畴了。

2. 装饰用玉

装饰用玉历来是玉器艺术中品类最为丰富以及造型和纹饰最为多样的一类，汉代的装饰用玉也是如此。尤其是用作佩饰的玉器，汉代在继承先秦传统的基础上发展出了自己的特色。西汉前期的佩玉多讲究组合，从考古出土的情况看，有的佩玉组合数量较多，这当属先秦风尚的延续。自西汉中期以后，成组的玉佩逐渐减少，组合的形式也趋简化。至东汉时，佩玉的品种已所剩无几了。

汉代佩玉的品种主要有各种透雕装饰的玉璧、玉璜、玉珠、玉人、玉环、玉管、玉觿等。特别是在艺术风格上，汉代佩玉已达到了很高的

图 5-1 玉璧 西汉前期

水平（图 5-2 至图 5-5）。如 1983 年广州象岗南越王墓出土的一件龙凤透雕玉璧（图 5-6），中间"好"内饰一透雕龙纹，以充满张力的"S"形结构创造出一昂首挺胸、稳健有力的龙的形象。不难看出，对龙四肢及尾部的位置与构成的处理并非仅以所表现对象为法度，同时也是以适合圆形的外框为条件的，故而展现在我们面前的是一件布局合理、虚实得当、结体有力的艺术品。这样的作品在汉代艺术的许多门类中都能看到，如汉代的瓦当装饰、漆器装饰等。从某种意义上可以说，它为后世的装饰艺术树立了典范，把它看作是中国传统装饰艺术的经典风格也不为过，因为能够堪当经典之名的作品必须是无懈可击的，而汉代艺术家确确实实做到了。这件玉璧内饰以排列规则有序的谷丁勾连云纹，与充满动感

第五章 汉代玉器艺术

图5-2 玉舞人佩（二件）汉

图5-3 玉"长乐"谷纹璧 东汉

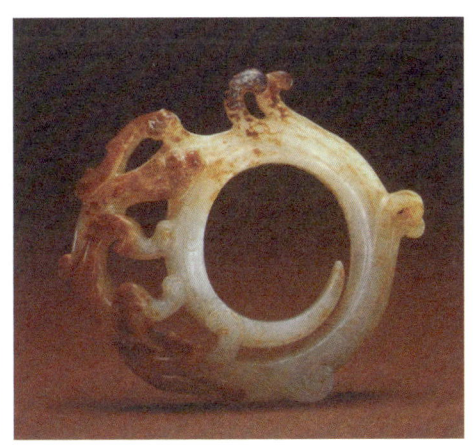

图5-4 玉镂雕螭形佩 汉

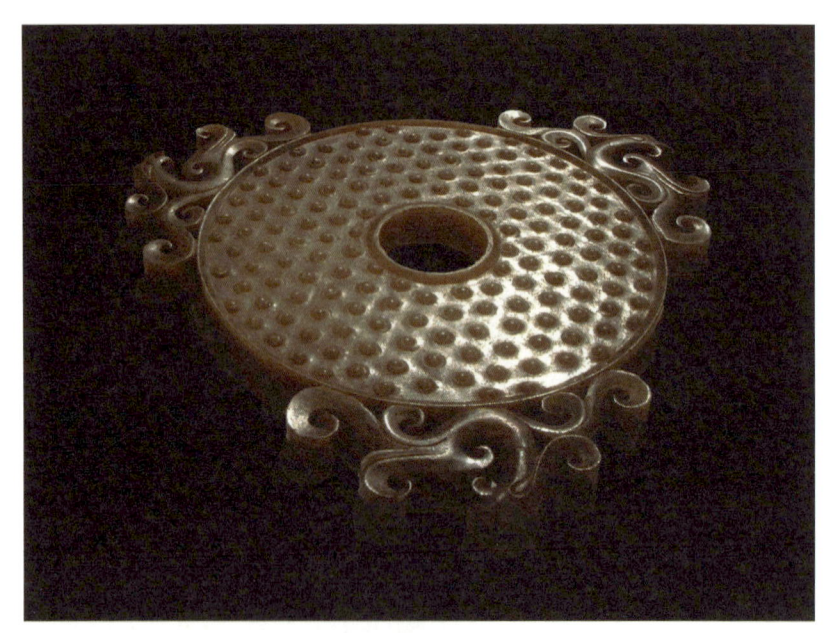

图 5-5 三凤玉佩 西汉

图 5-6 龙凤透雕玉璧 西汉前期

的中央龙纹形成对比，主次分明；璧的两侧各饰一透雕凤纹，布局对称，回首屈体作攀附之状。龙凤内部均以阴线刻勒，简洁明了，并无任何多余的赘饰，整件作品凸显出汉代粗犷豪迈的时代风貌。像这样的玉璧已非传统意义上的礼仪用器了，而是作为组玉佩中的重要组成部分。从出土时的排列关系看，与其相组合的玉佩饰件还有玉璧、玉璜、玉人和玉珠等32件不同材质的饰物，组成一长度约60厘米的组佩饰。（图5-7）

该组玉佩中的一件玉犀形璜（图5-8）也是前代所未有的。其形态夸张有力，背部向内弯曲，首尾被处理成大致对称的视觉效果，前后肢作蹲曲蓄势之状。这种团肢前冲的姿态能恰到好处地表现出犀牛威猛有力的特征。其艺术处理的手法及其达到的效果与前面介绍的龙凤透雕玉璧可谓异曲同工。可以看出，设计者在对形体作装饰性夸张处理时，完全是在把握动物结构的基础上进行的，所以才会产生弧线饱满、紧扣形体且不漂浮的有力效果。从形式构成的角度看，之所以能够给人以充满力度的视觉感受，关键在于其饱满的外轮廓弧线与各种大小不同、长短不一的弧线的和谐搭配。这种令后人赞叹不已的艺术表现力，当时的艺术家似乎已经驾轻就熟。

汉代佩玉中工艺最精者当数玉环。玉环是当时组玉佩中的重要组成部分，其雕镂琢磨技术高超，艺术设计处理更是独具匠心，是其他朝代难以匹敌的。广州象岗南越王墓就出土了多件工艺精湛、艺术风格独特的玉环（图5-9）。其中，玉龙螭纹环（图5-10）尤为引人注目，玉工采用透雕的手法雕刻了两龙和两螭相互穿插缠绕为一环，彼此穿插交集，显得非常自如，浑然一体。同墓出土的另一件龙纹玉环（图5-11）则将龙与卷云纹饰穿插组合为一环形，龙体作连续不断的绞索形式。值得注意的是，该玉器上已经出现了如意云头的卷云形式。整件玉器的直径虽然只有7.4厘米，却展现出宏大的气势和得心应手的形式处理技巧。

双龙连体佩（图5-12）也是南越王墓出土的一件形式新颖、工艺精湛的佳作。该玉呈黄白色，外形呈椭圆形，双龙首部环入圈内作对视状；中间有一树状形饰，上有线刻兽面纹饰；龙身上满饰均匀排列的涡卷纹，

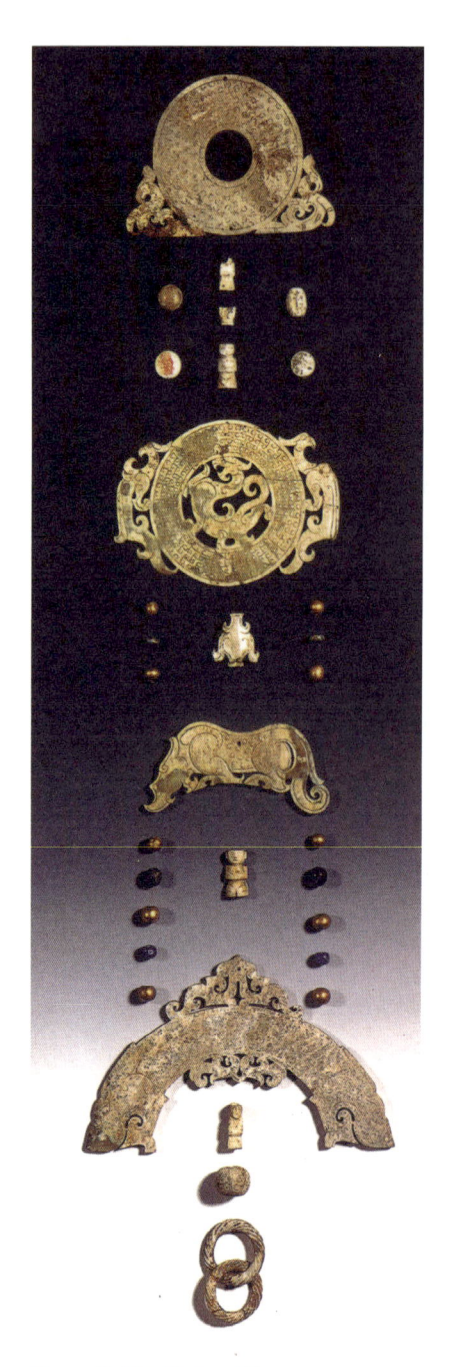

图 5-7 墓主组玉佩 西汉前期

图 5-8 玉犀形璜 西汉前期

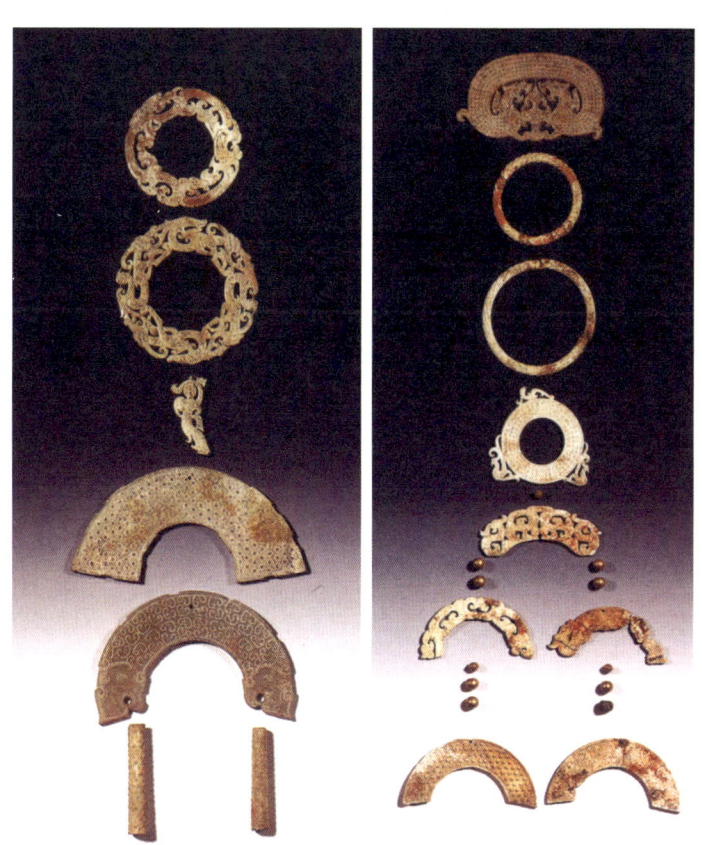

图 5-9 组玉佩 B 组、A 组 汉

图 5-10 玉龙螭纹环 西汉前期

图 5-11 龙纹玉环 西汉前期

图 5-12 双龙连体佩 西汉前期

并用阴线相勾连。整件器物在规整中蕴含着一种非凡的气度，这也是汉代艺术所共有的时代特征（图 5-13）。

汉代玉佩饰中另一独具艺术特色的品种是舞蹈人物。玉舞人题材的玉佩虽然早在战国时期就已出现，但是数量极少，而汉代舞蹈人物题材的玉佩却十分流行，且具有很高的艺术水平。汉代的乐舞艺术十分发达，

图 5-13 龙凤纹重环玉佩 汉

不仅官方设有专门的音乐管理机构，而且歌舞作为一种艺术活动也相当流行，甚至皇帝的宠妃爱姬也多能歌善舞。这在文献上多有记载，如《西京杂记》上谓汉高祖的宠姬戚夫人"善为翘袖折腰之舞，歌出塞入塞望归曲"；《汉书》上记有武帝宠爱的李夫人"妙丽善舞"，成帝的赵皇后"学歌舞，号曰飞燕"等。在这样的文化氛围之下，以歌舞作为艺术创作的主题也就是很自然的事了。从出土的玉舞人实物看，其造型特征与文献上的描述是相一致的，可见这些玉舞人作品是从现实中提炼而来的。汉代玉舞人大多为组佩玉中的一件，其形式多以平面透雕为主，并用阴线刻出五官和衣纹等，也有采用浮雕形式的，甚至有做成圆雕的。

1986 年河南永城汉墓出土的一件玉舞人（图 5-14）佩饰，玉质呈乳白色，双面透雕，并以阴线刻出五官表情和服饰结构。佩饰上的舞女姿态婀娜优美，身着开襟长袖衣裙，一袖高扬于头顶，另一袖下垂，手置于腰间，长裙曳地。作者通过对舞女颈和腰肢作微微扭动的处理，便将一体态轻盈而飘逸的女子生动地刻画了出来，这不正是文献上所描写

图 5-14 玉舞人 西汉

的"翘袖折腰""轻如飞燕"的真实写照吗？1983 年出土于陕西西安的一对玉舞人（图 5-15），其动态的设计与前面所介绍的玉舞人是一致的。一臂举过头顶，长袖下垂；另一臂则呈下垂状，以意象性的手法作叉腰之态。值得注意的是，玉工巧妙地将整个手臂设计为一反向翻卷状的装饰，为舞者柔美的身姿增添了几分优雅之感。

综观汉代玉舞人的形象设计，舞者虽有站和蹲之别，但一袖扬起过头顶，一手置于腰间是其普遍的特征。如广州象岗南越王墓出土的玉舞

图 5-15 玉舞人 汉

人（图 5-16），身体作"S"形扭动，扬起之袖和另一置于腹前之袖作随风飘动状，加强了舞者的运动感。同墓出土的另一件玉舞人（图 5-17）则是圆雕形式的，双膝跪地，长袖飘舞，也是一手高举过头的姿态，表演者的神情非常专注。这种圆雕形式的玉舞人在汉代还是相当少见的。

3. 丧葬用玉

重视丧葬的社会风气是汉代人观念意识的又一体现。玉器在丧葬中

图 5-16 玉舞人 西汉前期

图 5-17 玉舞人 西汉前期

担当着重要的角色,丧葬的玉器一部分为死者生前所用之物,还有一部分是专门用于丧葬的。这与当时的长生思想有很大关联。道家认为玉是"天地之精",是"阳精之纯",故而当时有吞食玉屑能致长寿之说。《周礼·春官·典瑞》中也有"大丧,共饭玉、含玉、赠玉"的说法。

汉代的葬玉主要有玉衣、玉九窍塞、玉琀、玉握和玉面饰等。玉衣是汉代皇帝和贵族

图5-18 玉蝉 西汉后期

的殓服,由金银丝等材料编缀玉片成人形并着于死者身上,即所谓"金缕玉衣"。玉九窍塞是用来堵塞尸体九窍的玉器,以此防止尸体的腐朽。晋代葛洪《抱朴子》中就有"金玉在九窍,则死人为之不朽"的记载。玉琀是放在死者口中的玉器,大多被雕琢成蝉形,其制通常为二寸左右,全身作五角形,造型一般比较简洁写实。如1974年出土于江苏盱眙的这件玉蝉(图5-18),由羊脂白玉琢成,玉质温润光亮,造型简朴却相当逼真。蝉作为一种装饰母题,早在夏商周三代的青铜器上就已习见,汉代以此为琀当与其特有的生长规律有关,汉人以蝉的蜕脱复能成虫的生长特性,比喻"转生"和"再生"之义,因而蝉也就成了一种吉祥物了。玉握为死者手中所握的玉器,许多被雕刻成细长条状的猪形。玉面饰则为缀玉而成的遮面物,有的玉片还被雕琢成特定的象形形状,一般无纹饰或较少纹饰。

4. 日常用玉

汉代日常使用的玉制品数量相对较少,这或许与玉材的特性有关。汉代常见的日用玉器主要有玉杯、玉盒、玉枕、玉印、玉带钩和玉砚滴等。

图 5-19 玉角形杯 西汉前期

图 5-20 铜承盘高足玉杯 西汉前期

从近年来的考古发掘材料来看,日用玉器中也不乏构思奇巧的精彩之作。如 1983 年广州象岗南越王墓出土的玉角形杯(图 5-19),其杯身作角状造型,底部则束尾成索形,回缠于器身下部,为本来可能显得单调的造型增添了出其不意的变化,可谓是匠心独运的创意。器外饰一浅浮雕的夔龙,盘绕于杯身,并在外壁饰以线刻勾连涡纹,使全器集圆雕、浮雕和线刻于一体,层次分明,气度不凡。

同墓还出土了一件高足玉杯,并有铜制承盘和托架等配套器具(图 5-20)。该玉杯为圆筒形,由杯身和杯足两部分组成。杯身上部近杯口处饰有两组云纹，中部饰勾连谷纹，下部饰五组花瓣纹。杯足部也饰有花瓣纹。与铜盘相连的杯托为一花瓣形玉片，并以三条金头银身之龙为支架与铜盘相衔接。这不仅仅是一件玉器工艺品，更彰显了汉代设计师高明的设计才能和精妙的制作技艺，同时也蕴含着当时的设计观念和理想，对我们今天的设计具有很大的借鉴意义。

广州象岗南越王墓出土的多件形式不同的带钩也是当时重要的日用器物。带钩有纯玉制的和以玉为主辅以其他金属制成的两种。常见带钩多以龙为母题进行构思设计，有的非常简洁雅致，有的则镂雕得相当华丽繁缛，制作工艺精良。金钩玉龙带钩（图5-21）由透雕的玉龙与金质弯钩所组成：玉龙的形式呈"S"形，龙首回顾作张口惊恐之状，尾部向内翻卷；金钩套于龙的尾部，与龙相衔接部分设计为一虎头形，犹如猛

图5-21 金钩玉龙带钩 西汉前期

图 5-22 玉仙人奔马 西汉

虎噬龙一般,再加上惊恐回首之龙的神情恰好与虎头形成了巧妙的呼应关系,可谓是设计者的一种巧思。该玉呈青白色,有深褐色浸斑。整件带钩由八节组成,钩首部分为一龙形,钩尾为虎形,整件器物装饰比较繁缛华丽,是一件难得的玉带钩艺术品。

5. 陈设艺术品

在汉代玉器中,纯粹用作欣赏的陈设艺术品虽数量不多,却体现出了很高的艺术性和工艺制作水平。汉元帝陵附近出土的几件西汉玉雕都是具有代表性的作品,其中如玉鹰、玉熊、玉辟邪和玉仙人奔马(图5-22)

等，不仅由珍贵的和田玉制成，而且造型优美生动，雕琢精细。在中国传统造型艺术中，往往以羽翅来表示人或动物的神性，这在汉代艺术中尤为多见。玉仙人奔马展示的即是一仙人骑在一匹奔腾的神马上，这里的仙人和神马上都加有羽翼。作者还在奔马的蹄下置一象征天界的云板，其所要表达的意境随着这几个简单的象征物而展开，给欣赏者以无限广阔的想象空间，这也是汉代艺术的魅力所在。

同墓还出土了多件玉雕作品，设计制作得非常传神有趣，如玉熊（图5-23），玉质温润，雕琢精细，丰满凝练的外形逼真地将行动缓慢、憨态

图 5-23 玉熊 西汉

图5-24 玉辟邪 西汉

可掬的熊的特性表现了出来。再如玉辟邪（图5-24），也是该墓出土的一件精美的艺术品。此玉呈青白色，并伴有天然紫红色斑，造型极为生动。设计者将其设计成匍匐爬行之状，张口露齿，仿佛正悄悄地向猎物靠近，神情被刻画得惟妙惟肖。其头上有一角，背上有羽翅，这两处细节都是象征非同寻常之灵物的符号，这在汉代仙道题材的作品中十分普遍。

6. 辟邪用玉

汉代玉器中还有一类专用于辟邪的用品，确切地说，目前发现的汉代专门的辟邪玉器就是"玉刚卯"。所谓刚卯，就是指正月卯日所制的一种护身符，作长方柱状，由玉、金或桃核等材料制成，四面刻有铭文，中有贯孔供穿系。

就汉代的整体艺术风貌而言，玉器只是汉代艺术这棵大树上的一个小分枝而已，但它却能从一个角度折射出汉代艺术的基本风貌，传递着汉代人的思想观念，为后人开启了一扇通向博大精深的汉文化的大门。（图5-25）

图 5-25 玉龙虎合体带钩 西汉前期

中国玉器艺术

第六章

唐代玉器艺术

大唐盛世，国土一统，政治稳定，经济发达，文化繁荣。在这样的时代大背景下，唐代的工艺美术也获得了长足的发展，陶瓷、染织、金银器、漆器及木工艺、雕刻工艺、玉器工艺等都取得了前所未有的成就，尤其在装饰艺术方面所取得的成就创造了汉代以后的又一个巅峰。譬如，被人们视作中国传统装饰之典型形式的"唐草"（即卷草纹）就形成于这一时期。唐代艺术既丰满富丽，又不失活泼清新，不仅开中华艺术之一代新风，而且对后世乃至海外民族的艺术产生了广泛而深远的影响。直到今天，我们仍然因这曾经的盛世而倍感自豪。

尽管如此，在过去的工艺美术研究中，对唐代玉器却较少涉猎，甚至在有些专门的工艺美术史书中也只字未提。究其原因主要有二：一是史料上记载不多，再就是可以确定年代的具体实物不多。然而近三四十年来，随着我国考古发掘工作的深入开展以及科学鉴定水平的提高，唐代及其前后时期的玉器实物也越来越多地呈现在我们面前，为专家们的科学研究和大众的艺术欣赏创造了有利条件。

除了传世玉器作品外，目前已有多处唐代玉器墓葬或窖藏被发掘出土。如唐吴王妃杨氏墓、唐越王李贞墓、韶关唐张九龄墓、西安枣园唐墓、西安郭家滩唐墓以及西安何家村窖藏等，均出土有重要的玉器。总体来看，唐代玉器的品类相当多样，碾琢工艺已达到很高水平，装饰题材同样多姿多彩，展现出鲜明而成熟的艺术风格。明代高濂在其《遵生八笺》中就对唐宋时期玉器作过高度评价：自唐宋以下，所制不一。如管笛、凤钗、乳络、龟鱼、帐坠、哇哇树、石炉顶、帽顶、提携袋挂、压口方圆细花带板、灯板、人物神像、炉瓶钩钮、文具器皿、杖头、杯盂、扇坠、梳背、玉冠、簪珥、绦环、刀把、猿马牛羊犬猫花朵种种玩物，碾法如刻，细入丝发，无隙败矩，工致极矣，尽矣。可见，当时玉器的品类丰富，装饰题材多样，工艺精湛。联系现有的实物来看，高濂的描述是不无道理的。

从玉器的功用来看，唐代玉器大致可以分为佛教用玉、宫廷用玉、首饰、玉器皿、陈设艺术品和丧葬用玉六类。

1. 佛教用玉

佛教用玉包括玉雕佛像及其相关内容。用玉来制作佛陀造像的习俗在史料中早有记载，遗憾的是，唐代的玉佛像未能流传下来，不过有几件传世的唐代玉飞天倒可以让我们窥见当时佛教用玉之一斑。如青玉镂雕飞天（图6-1）是一件清宫旧藏品，飞天着长裙，裸胸跣足，飘带披肩，

图6-1 青玉镂雕飞天 唐

祥云托体。飞天是佛教中神仙，又名"香神""香音神""声神"，即天龙八部中的乾达婆。人们往往把伎乐天、供奉天统称为飞天。据说飞天能歌善舞，是佛、菩萨降临的祥瑞之兆，也是佛教装饰中最具特色的形象之一，因而成为古代各大石窟寺院装饰中不可或缺的题材。她们凌空飞舞，奏乐散花，构成天乐齐鸣、天花如雨的美丽景象。唐人有赋云："仙人共天乐俱行，花雨与香云相逐。"

从历史的角度看，飞天不同时期的造型有着不同的特色，其早期的造型比较粗犷矫健。唐代的飞天造型虽然也有早、中、晚期之别，但总体上与其他时代的风格明显不同。唐代飞天的造型比较写实，体态婀娜柔美，丰腴圆润。这件青玉飞天的琢刻技艺娴熟自如，在艺术风格上鲜明地体现了唐代特色。其艺术处理的关键点就在于轻盈飘逸上，从图中可以看到，飞天造型自头部至足趾形成一条充满韵律的波曲线，双臂上下舞动犹如点缀于舒缓乐曲中的一道清脆之音，飘带与裙褶的设计更是与飞舞的体势相契合，轻柔曼妙的飞舞之姿跃然眼前。与西方飞翔必有翅的处理方法迥然不同，中国艺术的独到之处就在于完全通过人物体态和飘带的艺术处理来栩栩如生地表现凌空飞舞的感觉。另外，还有祥云承托，给人以更多的想象空间。与壁画、石刻等相比，玉质飞天有其独特之处，小巧玲珑，温润光泽，令人赏心悦目。

另一件白玉镂空飞天（图6-2）则由白玉镂雕而成，基本形态与前一件相同，但手姿有所不同：该飞天右手执莲花举在空中，左手托一珠。其飘带过肩，随风而动，姿态轻灵且富有动感。

2. 宫廷用玉

宫廷用玉是指朝廷制度所规定使用的玉器及帝王的印玺、简册等。其中，雕刻有各种装饰的玉带饰，具有很高的艺术性。据《新唐书》记载，隋、初唐以后，显官带銙，以金为主，至显庆元年（656年）始以紫为三品之服，金玉带銙十三。带銙即指腰带上的装饰品。以玉为带銙的习俗最初源自西域民族，自唐显庆以来，这一习俗开始在汉民族中盛行，并作为朝廷的一项制度被规定下来。因此，在唐代玉带銙的装饰中，我们

图 6-2 白玉镂空飞天 唐

依然能够看到浓郁的西域特色，有许多装饰的内容是直接表现西域人事的，如西安出土的青玉执壶胡人带銙（图 6-3）、青玉弹琵琶胡人带銙（图 6-4）、青玉献宝胡人带銙（图 6-5）等玉带饰上都碾琢着波斯人的形象。据研究者鉴定，这类玉器中有许多当出自西域玉工之手。

目前，出土或传世的唐代玉带饰有素面无纹和施以装饰两种形式，装饰的手法多为剔地隐起并在局部刻以阴线。1970 年，西安南郊何家村出土了七副玉带銙，其中两副碾有纹饰，一副饰以伎乐人物，另一副饰以狮纹，均为剔地隐起加阴线刻的形式，造型丰满大气，生动传神。图 6-6

图 6-3 青玉执壶胡人带銙 唐

图 6-4 青玉弹琵琶胡人带銙 唐

图 6-5 青玉献宝胡人带銙 唐

图 6-6 狮纹玉带銙 唐

为狮纹玉带銙中的一块,狮子作俯首行走状,肢体浑圆富有立体感,颈部鬃毛和尾部均以阴刻线表示,整个形象比较写实。狮子在中国古代叫作"狻猊",原本并非产于中国,在汉代以前尚未见以狮子形象为装饰的,直至汉代才出现了石雕狮子的题材。据《尔雅·释兽》记载,最早的狮子是西域疏勒王献给东汉顺帝的礼物。我们在中国早期的狮子形象中可以看到明显的西域风格,其造型比较写实。后来,随着佛教的输入和传播,以狮子为主题的装饰也越来越被广泛地使用。在佛教中,狮子被视为护法者并具有辟邪的功能。因此,狮子在佛教装饰中非常常见,后来渐渐影响到世俗的装饰,就如同龙凤一样,成为中国传统装饰中最重要的题材之一。之所以一个外来的装饰母题能够被中国人普遍接受，是因为它根据中国人的审美经验进行了中国化的改造。事实上，到了唐代，狮子造型中国化的改造已基本成型，其主要特征之一是强调毛鬃的装饰，给人以可爱敦厚的心理感受。然而，这副带銙上的狮子造型却依然写实逼真，西域风格的影响依然十分明显。

3. 首饰

首饰包括玉制的钗、梳、簪、笄、步摇、手镯、戒指，以及各种玉佩、玉坠等。玉钗多以花鸟题材为饰，其精致的碾琢工艺加上玉质的晶莹温润，给人以亲切优美之感受。如青玉鸟衔花佩（图6-7），镂空透雕了一展翅飞翔的寿带鸟，口衔折枝花叶，这也是唐代装饰中较多见的题材，后世对这种风格玉器的模仿风气弥盛，而传世的唐代花鸟玉器并不多。再如青玉花鸟纹钗（图6-8）也是唐代难得的玉器精品，其玉质呈青白色，

图6-7 青玉鸟衔花佩 唐

图 6-8 青玉花鸟纹钗 唐

器薄而透明。钗头部分饰有玉雕,钗插部分已残缺。玉雕的内容为凤穿牡丹,在镂空的外形内主要采用阴线刻出凤鸟和花叶的细部。整件装饰流露出雍容富贵之态。

玉梳作为唐代妇女的一种头饰,其上的装饰也自然受到相应的重视。其装饰主要集中在梳背部分,有的采用镂空雕刻手法,有的则采用线刻纹饰。如青玉镂空梳(图6-9)为半圆形状,梳背部分镂空刻有花叶纹样。

4. 玉器皿

玉器皿包括玉质的碗、杯、盅、盏、盒等,从传世和出土的唐代玉器皿来看,虽然数量较少,但也足以让我们领略到唐代玉器皿的精妙之处。传世玉器皿有人物纹青玉椭圆杯、青玉流云杯、白玉单耳椭圆杯、

图 6-9 青玉镂空梳 唐

白玉莲花杯等，出土的玉器皿有金扣玉盏、八瓣花形杯、玛瑙羚羊首杯等。图 6-10 为青玉单把云纹杯，玉质青白，局部有黄褐色斑浸。其杯口为椭圆形，平底单把，把手的上部为一镂雕立体云朵；杯内壁光素无纹；杯外通体饰以浮雕云纹。整件器物被满缀的云朵所包裹，传达出一种飘然欲仙的美妙境界。在中国传统装饰艺术中，云纹是一个颇具典型意义的主题：一方面，我们可以从云纹的产生与流变中感受中国装饰艺术传统的内核所在；另一方面，从规整的几何云纹发展到千变万化的流云纹，云纹的发展变化脉络本身便能构成一个完整而独立的系统。至唐代，雍容富丽的朵云纹被定型化了，它融动与静、丰腴与飘逸为一体，可谓合乎中国人之审美理想的完美境界。在装饰运用中，朵云纹具有很大的灵活性，既可以用作相对独立的装饰主纹，也可以作为连续的缀饰或地纹。定型化了的朵云形式影响深远，在后来的宋、元、明、清的玉器装饰中频频出现，不绝如缕。青玉单把云纹杯上的云纹就是连续排列的朵云纹。

白玉单耳椭圆杯（图 6-11）也是一件工艺精湛的玉器皿。该器由白玉雕成，有圈足，通体无纹，壁薄，表面平滑有光泽，一侧有一单环形耳，耳上部饰以花瓣纹，简洁大方。

图 6-10 青玉单把云纹杯 唐

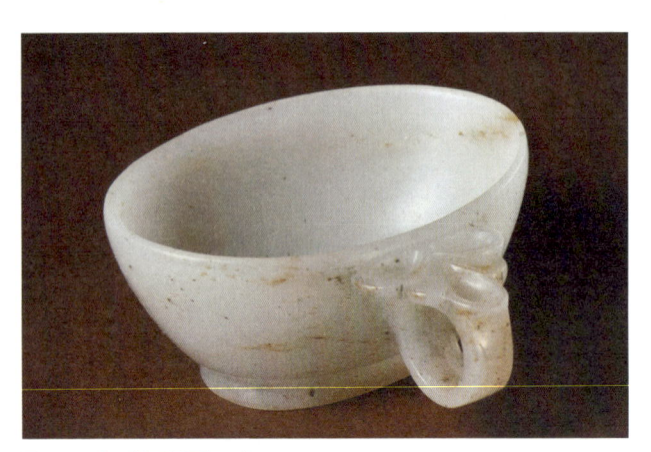

图 6-11 白玉单耳椭圆杯 唐

5. 陈设艺术品

用于陈设的欣赏性玉器多为一些小型的立体雕刻品,可置于案头或几架以供雅赏。这类玉雕作品多以肖生人物和动物为题材,形象生动、简洁且略带夸张,在制作工艺上也不乏精工之作。

传世玉雕青玉人骑象(图 6-12)是其中较为精彩的一件。这件作品的玉料呈青白色,雕一大象跪伏于地,一人盘腿侧骑于象背,身着束腰窄袖长袍,足蹬长筒马靴,右手举置脑后,脸型微胖,抬目上望,似乎

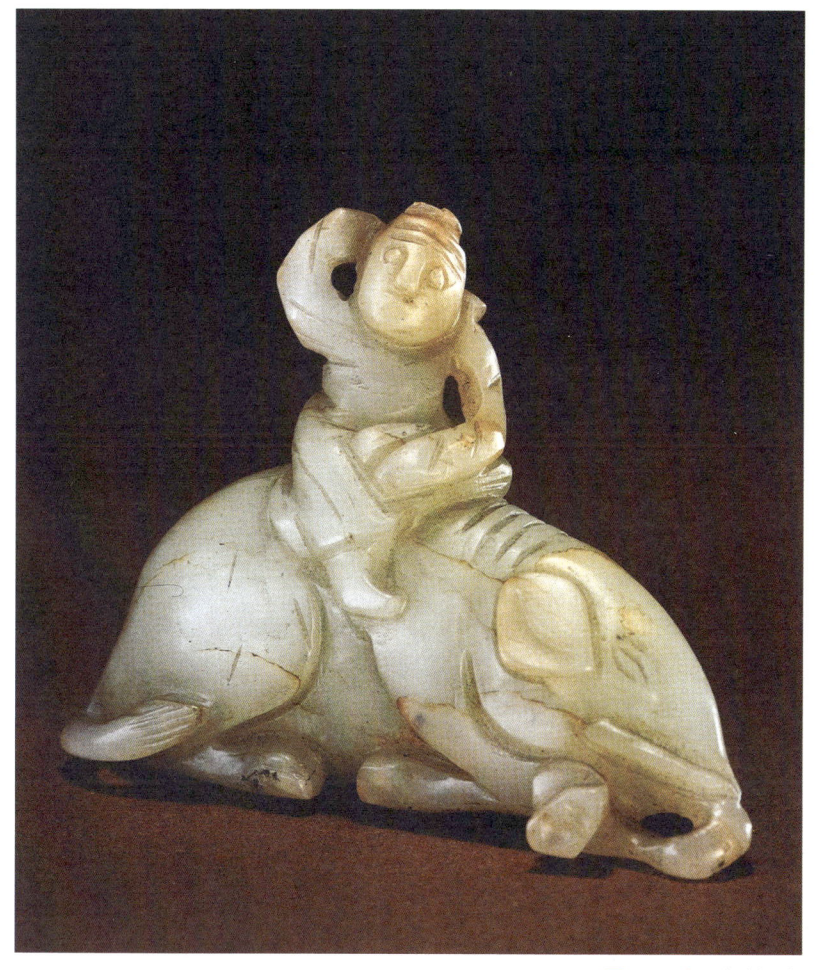

图 6-12 青玉人骑象 唐

正在与旁边的人打招呼。整件作品造型完整,富有动感的人物姿态与稳定的三角形结构形成动与静的统一。在制作工艺上,雕刻者采用明快而简洁的刀法,将对象表现得生动自然,体现出浓厚的生活情趣。

随着佛教美术的影响日益加深,狮子母题的艺术品也越来越多,而且狮子的形象也开始发生变化,由原来西域式的写实风格向着合乎中国人审美观念的形象变化,进而定型为一种具有独特意义的中国符号。在广大中国人民的心目中,狮子象征着吉祥和辟邪。图6-13、图6-14均为白玉雕狮子,一伏一蹲,十分生动。狮子的鬃毛变成了涡卷形式,据

图6-13 白玉雕狮子 唐

图6-14 白玉雕狮子 唐

图 6-15 青玉卧鹿 唐

说这一造型与释迦牟尼佛头上的螺蛳式发型有关。狮子的胸前还佩挂了小铃,这显然与自然界的狮子已经不同了。

青玉卧鹿(图6-15)与上述几件玉器陈设品一样,也是一件圆雕作品。其造型丰满圆润,四肢蜷曲腹下趴伏于地,粗颈昂首作若有所思之态,可爱天趣。玉工巧妙地利用玉皮色质之异琢刻出盘式鹿角和尾后灵芝,这种手法有点类似于"俏色",也是有创造性工艺师们常用的技巧。

6. 丧葬用玉

丧葬用玉是指专门用于殉葬的玉制品。这类玉器以肖生题材为主,体

图 6-16 青玉猪 唐

积一般较小，碾琢比较粗简，但不失生动和情趣。如韶关唐张九龄墓出土的青玉猪（图 6-16）便是一例，这是一件长仅五厘米的青白色玉雕，浑圆的猪体上只是略施几刀便刻画出了猪的神形，将猪之憨态以简洁而生动的手法凸显了出来。

总之，唐代的玉器以实用和欣赏为主，传统的礼仪用玉已大为减少。由此，玉器的装饰和造型便成了玉工们大显身手的领域。

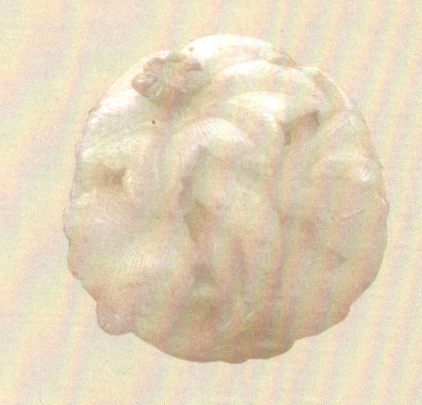

中国玉器艺术

第七章

辽宋金玉器概述

宋（960年~1279年）、辽（916年~1125年）和金（1115年~1234年）是五代之后中国历史上出现的一个比较特殊的时期。公元960年赵匡胤建立宋朝，东北地区有契丹族建立的辽国，长期与北宋相对峙，直到1125年女真族灭辽并南下攻破汴城，致使宋都南迁临安（今杭州），形成了南宋、金和西夏三方对峙的局面。1234年蒙古灭金，又于1279年灭南宋，建立统一的元朝。这个阶段，中原的汉民族与北方的契丹族、女真族等民族之间的关系是非常微妙的，文化上的交流与融合是不可避免的，同时各民族间不同的文化习俗和审美趣味等也显现出丰富多样的特征。

一、宋代玉器

宋代虽然在政治和军事上较为软弱，向辽、金等周边民族屈膝求和，但是社会经济却很发达，手工业生产得到了很大的发展。碾玉工艺也在此时取得了较大的成就。从玉的用途上看，可以分成宫廷用玉、佩饰用玉、玉器皿、肖生玉器等多种类型；从玉饰的题材上看，花鸟、人物、山水等题材一应俱全。在这些不同用途与题材的玉器中，几乎每一种都有艺术性很强的精彩作品。

1. 宫廷用玉

历来玉器使用量最大的是宫廷，宋代也不例外，皇家宫廷用玉是最多的，而且有着明确的用玉规范，如文献记载：六玺用玉，玉辂间以玉饰，玉带为带之首，册用珉玉，教仪卫次第有玉靶于田刀……皇帝戴玉佩，执玉元圭,坐玉辂,用玉册。公主结婚,赐驸马玉带等,公主房奁更有"珍珠玉佩一副、玉龙冠、绶玉环"。元夕,福州所进之灯"则纯用白玉,晃耀夺目,如清冰玉壶,爽彻心目"。由此可见,当时宫廷用玉数量之多、涉及领域之广。

关于当时宫廷用玉情况的文献记载虽然很多,但当今所能见到的实物却相当有限,无论是传世品还是出土品。目前仅见的一件传世宋玉青玉龙首饰(图7-1),据专家推测有可能就是玉辂上的饰件,是一件弥足珍贵的宋代遗物。该饰件作龙首形,双角向后翻卷,鼻上卷如云形,双目圆瞪有神,张口露齿,口中衔一圆球。其雕刻技术十分精湛。白玉龙纹带环(图7-2)和白玉镂空云龙带环(图7-3)当为宫廷用品,也是宋代玉器的绝品之作。两者玉质皆呈白色,温润无瑕,四周都以联珠为饰,中间为游龙戏珠。在造型上,前者呈长方形,后者呈圆形,其下均带有扁环,用来佩挂饰物。

图7-1 青玉龙首饰 宋

图 7-2 白玉龙纹带环 宋

图 7-3 白玉镂空云龙带环 宋

2. 佩饰用玉

宋代的佩玉已经出土了许多，无论是从文献记载还是从发掘出土物的情况来看，当时佩玉的碾琢技术是非常发达的。宋代佩玉中最常见的主题当属花鸟鱼类，如青玉镂空双鹤衔芝佩、青玉镂空折枝花佩、青玉鱼佩等。花鸟主题的玉雕品在下一章中有专门的介绍，这里就不再赘述了。

3. 玉器皿

宋代的玉器皿品种较多，文献记载中有盅、杯、碟、盆、炉、瓶、盂等。传世的作品有青玉双耳鹿纹八角杯、玉龙耳杯、青玉龙柄折角长方杯、玛瑙葵花式托杯等。出土的有玉盏、玉卣和玛瑙杯等。宋代玉器皿碾琢工艺精细，雕饰简洁，造型讲究典雅。如青玉龙柄长方折角杯（图7-4），其杯形呈八折角状，平底，杯体光素无饰，玉有沁色，显出天然纹理之美。柄部作龙首形，龙首的处理也不复杂，与杯体形成统一的整体。再如青玉兽耳云龙纹炉（图7-5），其器形呈圆形，下有圈足，两侧镂雕龙首耳。

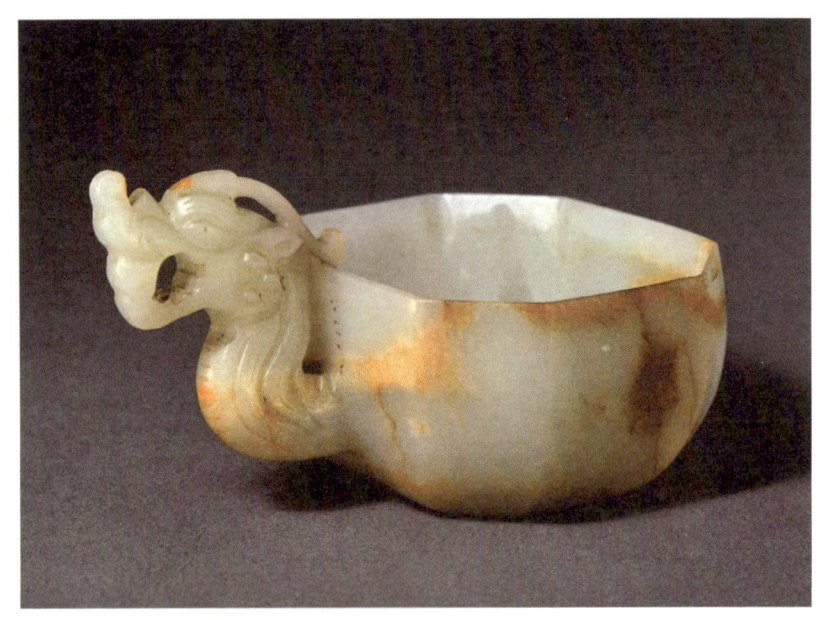

图 7-4 青玉龙柄长方折角杯 宋

图 7-5 青玉兽耳云龙纹炉 宋

器外壁上的纹饰比较繁密，主体部分以浮雕形式雕有一昂首之龙，龙身下为细密的水波纹，背景为平面形式的连续几何纹，其上穿插朵朵祥云。这是一件在宋代不多见的颇具气势的作品，正背纹饰相同。

4.肖生玉器

肖生玉雕也是宋代独具特色的玉器品种，主要有人物和动物两类，有的是作为佩饰，有的则作为器皿或文具等的装饰，还有的被设计成陈设摆件，作为一种欣赏性的玉器。人物的塑造有的非常写实，有的则较简洁概括。如故宫博物院所藏的青玉人物山子（图7-6），营造了一个写实的自然山水环境，其中一面雕有一老者执杖坐于松树下，神情凝重，作思考之状；另一面则雕刻了一童子静立远眺，身后一鹿相随，颇具情趣。

宋代的婴戏玉雕也很有特点。当时的美术作品中对风俗内容的表现已经相当流行，许多婴戏题材的玉雕都是表现风俗的。婴戏玉雕只是当时美术作品的一种形式，如白玉童子骑柳枝坠（图7-7）就是一件充满童趣的作品。该玉坠刻画了一个稚趣天真的孩童骑在一片枝叶上，犹如骑马一般，煞是可爱。

动物玉雕以写实为主，有鹿、兔、龟、鸭、鱼、鹅、鸳鸯等（图7-8至图7-10）。图7-11为1962年北京出土的一件北宋时期青玉卧鹿，由和田玉雕刻而成，温润晶莹。鹿作屈肢卧伏状，头微抬前视，鹿角作灵芝形。鹿身经抛光打磨，光泽柔和，素洁雅致。白玉鸭坠（图7-12）则生动地将鸭的瞬间神情表现了出来，此鸭正扭转颈项，用嘴梳理着展开翅膀上的羽毛。这是生活中常见的情形，所以给人以真实亲切之感。翘起的双翅和上卷的鸭尾均采用阴刻排线的手法刻出，以表现整齐有序的羽毛，且设有穿孔，可供穿系佩挂。

二、辽代玉器

辽为契丹族所建立的朝代。契丹族是一支古老的边疆民族，一方面，辽继承了游牧文化的传统，另一方面它又受到中原文化的影响，甚至直

中国玉器艺术

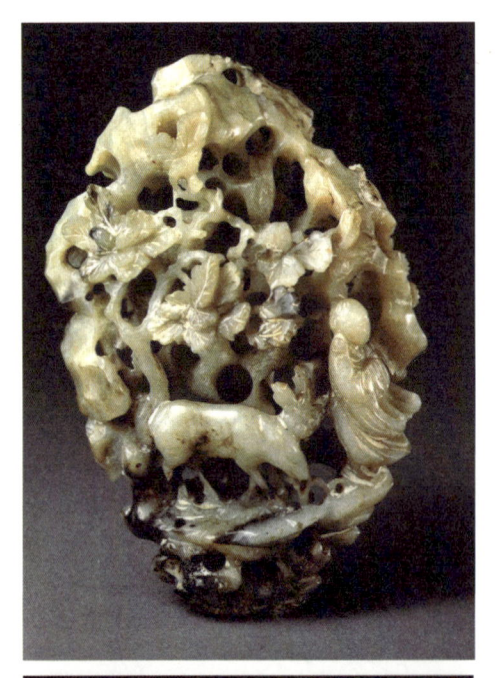

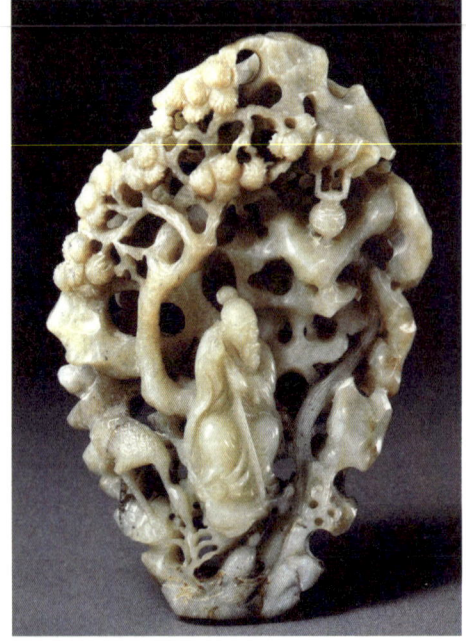

图 7-6 青玉人物山子 宋

图 7-7 白玉童子骑柳枝坠 宋

中国玉器艺术

图 7-8 玉童子骑鹅坠 宋或元

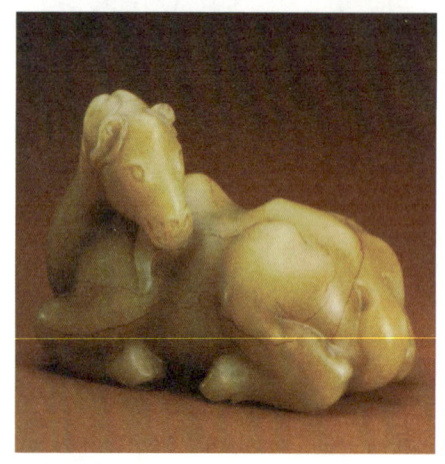

图 7-9 玉神兽 宋

图 7-10 玉鸳鸯形杯 宋或元

第七章 辽宋金玉器概述

图 7-11 青玉卧鹿 北宋

图 7-12 白玉鸭坠 宋

接雇用中原地区优秀的碾玉工参与玉器的制作。因此,辽代的玉器在风格上既有其本民族的特色,又深受中原文化的影响。

辽代玉器的分类大致与宋代相同,主要分为宫廷用玉、佛教用玉、玉器皿和肖生玉器等几类。其中较有特色的是佛教题材的玉器,已知的有飞天和摩羯金翅鸟等几种。如1970年内蒙古翁牛特旗解放营子辽墓出土的一件青白玉镂空飞天(图7-13),被视为辽代玉雕的代表作之一。该飞天玉雕为平面镂空形式,内部结构和衣纹均用阴线刻出,琢刻较为精致,造型也比较严谨。飞天身着常见的短衣长裤,飘带披肩随风而动,身下有一朵飘浮的云彩,似将飞天轻轻托起。与唐代玉飞天相比较,它没有唐代的烂漫和灵动,但透露出草原民族对装饰处理的独到把握。再如1979年辽宁喀左白塔子辽墓出土了一对白玉飞天(图7-14),其造型相同,呈对称状,下有浮云翻卷。这件玉飞天的意象与前者相似,不过头顶有一向后飘逸的角状饰,这在其他玉飞天中是未曾见过的,很可能是为了佩戴方便,这反倒成了一种特色。

图7-13 青白玉镂空飞天 辽

图 7-14 白玉飞天 辽

　　作为实用器的杯、盏、盒等玉器皿也有精良之作。如玛瑙花式盏，其色泽为白中隐隐透着黄丝纹，其设计者就是利用玛瑙天然的纹理和形状而制作的。盏作六瓣花形，器表不施纹饰，显出玛瑙自然之质。而青玉双耳鹿纹八角杯（图 7-15），则通过装饰显现其魅力。杯体作八角形，尚留唐代风韵；杯外壁除接耳的两面为素白无纹外，其他六面都饰以蔓草纹，并嵌入卧鹿纹；杯口沿外侧饰以连续的回纹，底座饰以连续的山字纹边饰。这些纹饰由阴线剔出，刻工技法娴熟，风格疏放明快。

三、金代玉器

　　金是由女真族建立的政权，与南宋对峙百余年之久。金人好玉之风弥甚，朝廷用玉的数量不减辽、宋，而且门类齐全，其中玉带銙、玉带板是当时常用之玉。佩玉是当时艺术水平最高的一类，其题材广泛，有玉童、玉鱼、玉兔、玉马、玉龟、玉花卉禽鸟，以及被称作"春水秋山玉"的风景、禽鸟等。其中最具特色的是花鸟主题的玉雕，其碾琢技术高超，风格清新，这在下一章节中将作具体介绍。

图 7-15 青玉双耳鹿纹八角杯 辽

第八章

宋金时代花鸟玉雕艺术

花鸟题材被广泛运用于中国的美术创作之中，最初的流行与佛教装饰的兴起有着密切的关联，因此其历史可以追溯到魏晋南北朝时期。经过700多年的发展变化，至宋金时代，花鸟题材的美术作品不仅面貌一新、丰富多样，而且也是当时最主要的美术题材之一。在绘画领域，宋代花鸟画以其清新雅致、工致逼真的风格特点开中国美术史上之新风，成为时代的特色，并对后来花鸟画的发展产生了重要的影响。同样，在装饰艺术中，无论是宋代还是在金政权统治辖域内，花鸟题材都被广泛地运用于各类工艺装饰之中，并由于材质和制作工艺等不同而呈现出多样化的特点。例如在陶瓷装饰中，各种印花、贴花、刻花和画花等比比皆是，并因装饰工艺的不同而形成各不相同的艺术特色；在玉器装饰中，花鸟题材也是十分突出的内容，并构成这一时代玉器艺术的一大特色，尤其各种透雕花鸟玉饰品更是令人赏心悦目。

总体而言，宋代的玉器种类繁多，碾琢工艺十分精湛，据明代高濂《燕闲清赏笺》记载："宋工制玉，发古之巧，形后之拙，无奈宋人焉。"宋代高超的玉器工艺在花鸟主题的玉雕中表现得尤为明显，特别是各种佩饰品上的装饰。

宋代花鸟玉雕作品，无论是传世之作还是新近考古发掘的精品，均不在少数。传世作品包括白玉镂空双鹤佩、白玉镂空孔雀佩、白玉镂空樱桃佩、白玉镂空竹枝蟠龙佩、白玉瓜坠等。考古发掘中具有代表性的作品，包括1974年北京房山长沟峪石椁墓出土的四件精美玉器：青玉镂空折枝花佩、青玉镂空竹枝佩、青玉镂空双鹤衔芝佩和青玉镂空折枝花锁，以及西安南郊曲江池出土的白玉镂空飞鸟衔花佩等。

宋代花鸟玉雕在艺术风格上以写实造型见长,对刻画对象的特征捕捉得惟妙惟肖,玉工擅长抓住对象最佳的瞬间情态,可谓形神兼备。如青玉镂空折枝花佩(图8-1),镂空雕琢了一折枝花朵,写实的造型犹如刚从枝头折下来一般,枝叶繁茂,八瓣形花朵作盛开之态,圆润饱满。阔叶伸展仰覆,穿插自然得体,从中可以窥见当时娴熟的雕琢技艺和高超的写实水平。宋人对所要表现的花卉和禽鸟的观察可谓细致入微,尤其注重对神韵的表达,这一点还可以与当时的文学描写相印证。如苏轼在《书鄢陵王主簿所画折枝二首》中有这样一段描写:"低昂枝上雀,摇荡花间雨。双翎决将起,众叶纷自举。"简短四句话将花带宿雨、鸟戏枝上而雨水纷落的情景生动传神地表现了出来,诗画相映,意境更加悠远。宋人晁补

图8-1 青玉镂空折枝花佩 北宋

图 8-2 青玉镂空竹枝佩 北宋

之也有一首关于形神相辅的诗："画写物外形，要物形不改。诗传画外意，贵有画中态。"此诗强调的正是艺术创作要形神兼备。凡此都表明了当时的审美取向，以及艺术追求的时代风尚，玉器装饰也同样是这一时代风尚的反映。再如青玉镂空竹枝佩（图8-2），同样也是一件形神兼备的佳作。此玉佩呈青白色，雕镂了一枝卷曲缠结的竹枝，在中心位置雕琢出三片竹叶，表现出了竹子的顽强生命力。竹枝形态逼真而富天趣，这是迄今所知最早以竹为主题的玉器，同时，将竹枝表现为盘曲之态也是不多见的。

　　花鸟玉雕作为一种装饰艺术，不仅真实地再现了花鸟的自然之态，而且多数情况下都经过了设计者有意识的艺术处理。在处理这种装饰结构时，宋人能够很好地运用对称和适合的形式。在对称型装饰设计中，他们往往将成双成对的花卉禽鸟处理得互为对称，使其具有很强的装饰感

图 8-3 青玉镂空双鹤衔芝佩 宋

图 8-4 青玉镂空折枝花锁 北宋

和稳定均齐的艺术效果。如青玉镂空双鹤衔芝佩（图 8-3）和青玉镂空折枝花锁（图 8-4），这两件作品皆是比较典型的对称型结构。前者镂空雕琢了一对展翅飞舞的鹤，双鹤共衔一环，立于翻卷的草叶之中，这种对称的结构使本来十分写实的主体显出很强的装饰感。同时，温润晶莹的玉质更为仙鹤平添了几分灵气，较好地体现了仙鹤轻盈典雅的体态特征。后者则独具匠心地将两朵折枝八瓣花巧妙地缠绕成一体，构成一对称结构的装饰造型。花朵作正面观，花瓣排列规则有序，枝叶翻转仰侧，交缠自如，特别是两根主枝的衔接颇富创意，分明是刻意安排却显得十分自然妥帖，再加上精致的雕镂琢磨工艺，真不愧为一件成功的优秀之作。

适合形式的装饰也是玉器及其他装饰艺术中最常见的。所谓适合，就是指将装饰内容作适合一定外形的设计，其要点就在于要使内容安置于一定的外形之中，更重要的是要在视觉感观上也显得自然妥帖。这既是装饰艺术的受制约性特征，也是装饰艺术的特色和妙处所在，好的设计作品充分体现了设计者的巧思与艺术天分，水平不高的作品也很容易被一眼看出。宋人在这方面很好地继承了自先秦以来的装饰传统，并进行了创造性的发挥。其最突出的特点之一就是将写实的自然形巧妙地适合于装饰性的外形之中，而且没有生硬牵强之感，这是很不容易做到的。此处列举几例，概以观之。

青玉镂空凌霄花佩（图8-5）的外形呈扁圆形，设计者将一枝阔叶相衬的凌霄花很自然地适合于圆形之内，枝叶和花瓣的翻转卷曲显得生动自然，同时还利用玉皮上的局部黄色作花芯，加上温润的玉色和精细的琢磨之工，更显得逼真而生动。另一件白玉镂空孔雀佩（图8-6）则呈扁平的半圆形外形，通体镂空透雕，一展翅回首的孔雀拖着美丽的大羽尾，优雅飘逸，恰好形成半圆形的圆弧。孔雀的口中衔着一枝折花，花叶茂盛，填充于半圆形的空间之中。盛开的花朵圆润，花苞饱满；枝叶的处理前后穿插，与展翅之孔雀形成动势上的一致。其精致的设计处理体现了宋人强调理性的一面，同时，飘逸流畅的形体又抒发出宋人内在的情韵。可以看出，装饰艺术中的写实与绘画中的写实最根本的区别就在于结构的处理，装饰的结构处理一般是将秩序感和节奏感强化并尽量外现出来，也就是所谓的强调形式感；而绘画则有意识将这种结构隐藏起来，若不加以剖析往往不易被觉察。所以说，玉雕中的花鸟装饰与花鸟画虽然都倾向于写实的风格，但在艺术处理的特色上是不尽相同的。

第八章 宋金时代花鸟玉雕艺术

图 8-5 青玉镂空凌霄花佩 宋

图 8-6 白玉镂空孔雀佩 宋

与宋朝年代相当的金,是由我国北方的女真族建立的地方政权。其文化除了蕴含本民族传统之外,还受到契丹文化和汉文化的深远影响,特别是北宋王朝的影响,从宫廷礼仪、舆服制度到诸如玉器之类的工艺装饰风格,都与北宋十分相似,但在题材的选择上大都继承了北方民族的一些特点,反映了本民族的习俗和传统。

目前已发现的金代玉雕已有不少,其中不乏精彩之作。与宋王朝相类似,金代花鸟题材也显得较为突出,在艺术的水准上也丝毫不逊于同时期的宋,从装饰结构的处理、细部的刻画到碾琢工艺技术,都达到了很高的水平。如白玉寿带啄花佩(图8-7),整件玉佩呈扁圆形,花叶和寿带鸟适合其间,层次分明;寿带鸟贯穿于花叶之中,羽毛和叶茎等细部均由阴线刻出,布局合宜,镂雕工艺精巧生动,实为一件精美的优秀之作。再如玉寿带衔花佩(图8-8),也是以寿带鸟为主题的玉佩,但形式却与前者不甚相同。此玉佩中,玉工突出了寿带鸟展翅飞翔时的状态,

图8-7 白玉寿带啄花佩 金

图 8-8 玉寿带衔花佩 金

图 8-9 青玉龟游佩 金

其长尾飘逸舒展,口衔折枝花,与唐代的青玉鸟衔花佩在形式上有很多相似之处。但稍作比较就会发现其不同之处:唐代的作品显得雍容丰满,而金代的作品则显得瘦劲舒展,各自体现了不同时代的审美情调。

在金代的玉雕作品中,有些与民俗和祥瑞有关的装饰题材,不仅形式美观,而且还具有丰富的内涵。龟游佩就是一种蕴含符瑞寓意的玉雕。如北京丰台王佐公社米粮屯金代墓出土的青玉龟游佩(图 8-9),呈薄片状,采用了镂空隐起的雕琢手法,两荷叶相对作对称结构,其上各立一龟;荷叶之下琢有三歧状慈姑叶纹,龟背刻六角形甲纹。根据典籍记载,这种龟立荷叶的题材具有祥瑞之意。《宋书·符瑞志》中就有"灵龟者,神龟也。王者德泽湛清,渔猎山川从时则出。五色鲜明,三百岁游于蕖叶之上"的记载,其中,蕖叶即荷叶。由此可见,这一题材是要表现"王者德泽湛清"的符瑞之意,名为"龟游"。这件作品镂刻精细,荷叶翻卷生动自如,体现了作者较好的写实功力。不仅如此,这件作品的成功之处还在于较好地运用了艺术创作中对比统一的原理,两片宽大的荷叶与密集的水草等底纹构成疏密有致的对比关系,作为主体的两只龟悠闲地爬行在荷叶上,显得非常突出。

另外,与女真族民俗活动相联系的玉饰品也很有特色。如青玉鹘攫天鹅饰(图8-10),该玉通体以镂空并加饰阴线纹雕琢而成。上有一鹰鹘鸟正虎视眈眈俯冲而下,下有一天鹅正恐惧地钻入茂密的荷丛之中,显

图8-10 青玉鹘攫天鹅饰 金

然是在躲避突如其来的危险，这种体量上的反差倒是颇具戏剧性的。鹰鹘，又名"海东青""吐鹘鹰"，是生活在我国东北黑龙江流域的一种非常聪明的禽鸟，它虽然体形较小，却机敏勇猛，飞速迅疾。北方民族自古就懂得驯养此鸟，以助人捕杀天鹅和大雁，这件玉器正是表现这一追逐场面的精细之作。据考证，这类装饰内容表现的就是所谓"春水秋山"中的"春水"。春水、秋山题材源自契丹族的春秋渔猎生活，契丹语谓"捺钵"。女真族建立政权后，继承了这种传统且将其制度化，并定名为"春水秋山"，成为金代的一项民俗特色。这一活动也被广泛地表现在各种工艺装饰和绘画作品之中。

目前所见的金代"春水"玉饰，主要分为两种形式：一种是鹘攫天鹅（或大雁）并衬以花卉，另一种则不衬花卉。这些玉饰多由青玉或白玉镂空雕琢而成，大都具有较高的艺术性，生动传神，用栩栩如生来形容是一点也不为过的。如白玉镂雕鹘攫天鹅饰（图 8-11），便是一件不衬花卉

图 8-11 白玉镂雕鹘攫天鹅饰 金

的作品。其玉质白如凝脂，雕一正作挣扎状的天鹅张翅翘首，一鹘鸟正在啄鹅头，是一件极富生活情趣的作品。

"秋山"玉饰通常表现山林野兽等自然景观，其艺术风格多显得较为宁静，而非表现充满激情的狩猎场景。如白玉镂雕双鹿牌饰（图8-12），在一个三角形的外形内镂刻着两头鹿，三角形的外框由两棵树组成，树梢相交于上角；两头鹿作相顾状，它们似乎并不急于赶路，而是伫立于秋日的树荫下，显得悠闲和安静。

图8-12 白玉镂雕双鹿牌饰 金

总之，宋金时代的花鸟玉雕艺术作为那个时代艺术的组成部分，是时代的产物，因此有着那个时代质朴、清淡、幽雅而又严谨含蓄的总体特征，在中国艺术发展史上占有重要的地位。

中国玉器艺术

第九章

元代玉器鉴赏

元代是由蒙古族在中华大地上建立起来的又一个大一统政权。蒙古族依靠其骁勇善战的铁骑，征服了诸多民族，并占领了广袤的地域，从而建立了一个横跨亚欧大陆的强大帝国，其强大首先体现在军事上。在文化方面，虽然为了统治的需要，蒙古族最终不得不接受中原发达的汉文化，但在此过程中，其本民族的草原文化也被融入其中，从而形成中国历史上特有的元文化。从历史上几次少数民族统治时期的情况来看，文化和经济等方面大多会呈现畸形发展的态势，这与汉唐时期有意识地吸收外来文化不同，彼时传统文化常受到抑制，而在抑制中勉强延续下来的文化往往是畸形和被扭曲的。特别是当时的知识阶层大多陷于困顿失意的处境，于是他们将关注的重点转向内心，通过文学艺术的方式来抒发胸臆，这也是中国文人画在这一时期获得重要发展的原因之一。

然而，工艺美术方面的情形却有所不同。草原民族历来重视装饰，他们可以没有豪华坚固的建筑，没有考究多样的用具，却不能没有丰富华丽的装饰。过去的玉器研究往往不重视元代玉器，甚至连金、辽时代的玉器也大多被忽视，其中一个重要原因就是这几个朝代均由非华夏血统的草原民族所统治。在论述古代玉器时，就有"辽、金、元起自朔漠，用夷乱夏，故不免带有夷风，应不足论之"的说法。而事实上，从传世及出土的玉器情况来看，元代在玉器艺术方面也取得了一定成就。

据史书记载，元统治者十分重视金玉用品的制造，为了满足宫廷贵族的用玉需求，曾专门设置了管理金玉的机构，并在玉器的使用上制定了严格的制度，违者将依法受罚。皇帝则从头到脚，乃至出行坐卧的器具，无不以玉为饰，足见其对玉的重视。

元代玉器可以大致分为宫廷用玉、佩饰用玉、玉器皿、陈设艺术品等几种。下面就结合实例简要介绍。

1. 宫廷用玉

渎山大玉海（图9-1）是元代宫廷用玉中最具代表性的玉器。其体量之大为元玉之最，高70厘米，口径135厘米×182厘米，膛深55厘米，重约7000斤，可贮酒30余石。现置于北京团城玉瓮亭内。这件玉海琢成于元世祖至元二年（1265年），最初被"敕置广寒宫"。内刻有乾隆序曰："玉有白章，随其形刻为鱼兽出没于波涛之状，大可贮酒三十余石，盖金、元旧物也。曾置万岁山广寒殿内，后在西华门外真武庙中，道人作菜瓮……命以千金易之，仍置承光殿中。"此器玉质青白中夹杂黑色，是墨玉中之杂色者。其上碾琢深浅不同的装饰，非常丰富，有海龙、海马、海羊、海豚、海犀、海蛙、海螺、海鱼、海鹿等13种海中瑞兽，形象生动传神，海浪汹涌澎湃，气势磅礴。不过，我们现在所看到的已经不是元代初刻时的面貌了。据史料记载，清乾隆年间曾对该玉海作过四次修饰，海龙等海

图9-1 渎山大玉海 元

兽的鳞甲等都被重新加工过。尽管如此，渎山大玉海仍然是一件具有很高艺术价值的珍宝。

玉押作为元代玉器的一种新形式，当时只有朝廷的上层官员才可能被御赐使用，陶宗仪的《南村辍耕录》中曾记载道："今蒙古色目人之为官者，多不能执笔花押，例以象牙或木刻而印之。宰辅及近侍官至一品者，得旨，则用玉图书押字，非特赐不敢用。"玉押只有上层官员使用才是合乎历史状况的，但并非只有蒙古的上层官员才能用玉押，当时的汉族高官也有用玉押的。玉押也就相当于后来的玉印章，据史料记载，其始于五代，但元代的玉押却是我们所知最早的实物作品了。白玉龙钮押（图9-2）便是不多见的玉押之一，龙钮作躬身伏地状，形态生动，雕刻技术娴熟，是一件很好的雕刻艺术品。

2. 佩饰用玉

在佩饰用玉中，玉带钩、玉带环和玉坠等都富有时代特色。元代玉带钩好雕饰，常以花草植物与螭龙作为装饰主题。1960年江苏无锡大浮乡曾出土一件镂雕有荷叶草卉的玉带钩。1976年西安小寨南乡出土了白玉苍龙教子带钩，一龙首为钩，钩的后部雕刻有一作爬行状的小螭龙，犹如龙子趴伏在龙腹上一样，别有一番情趣。故宫博物院藏的白玉龙首带钩环（图9-3）也是以龙首为钩，钩尾装饰着以浮雕加镂空形式刻成的

图9-2 白玉龙钮押 元　　图9-3 白玉龙首带钩环 元

图 9-4 青白玉螭纹连环带环 元

荷花、荷叶和水纹，环口饰以浅浮雕的云纹，尾部雕刻着一条盘曲的龙，反映了元人好以龙为饰的特点。

同藏于故宫博物院的元代青白玉螭纹连环带环（图9-4）也是一件玉雕精品。此玉带环质地青白，其上雕刻了两条螭龙，龙身顺形弯曲，极富动感，其间穿插灵芝纹，进一步加强了吉祥纳福的美好寓意。

以鱼为主题的玉饰也是元代玉器的一大特色，这些玉饰在碾琢技艺上大多非常娴熟，造型也以写实为主，逼真地刻画出了鱼的品种特点。如1960年江苏无锡大浮乡出土的玉鱼形饰（图9-5）就表现了一对鳜鱼。鳜鱼的形态特点是：体侧扁，尾鳍呈扇形，口大鳞细。我们看到的这件玉鳜鱼便逼真地体现了这些特点。同时，鳜鱼生长于淡水河流和湖泊之中，这种玉鱼形饰不仅反映了江南水乡的情韵，还蕴含了吉祥的寓意。在中

图 9-5 玉鱼形饰 元

国吉祥文化中,谐音运用极为普遍,其中,"鱼"谐音"余","鳜"谐音"贵",寓意着富贵有余,这自然是人们所祈望的美好生活。可见,元代尽管是由蒙古族统治,但汉文化的文脉并没有被割断,相反在吉祥文化方面还得到了发展。再如玉鳜鱼佩饰(图9-6),鳜鱼的形态更加逼真自然,其收鳍摆尾的姿态表现的正是游水时的情态,也是一件雕刻非常精细的作品。

花卉也是当时较常见的玉饰主题。1962年,在北京小西天师范大学施工时出土的元代白玉凌霄花嵌饰(图9-7)是件装饰感极强的作品。该玉饰的正面雕刻着四朵盛开的凌霄花,它们以对称交叉的方式排列,花瓣肥厚翻卷,玉质洁白无瑕,温润而有光泽。其碾琢技术相当细巧,是元代玉器中的精品。

"春水秋山"是北方少数民族玉器的传统题材。元代的"春水"玉饰比金代雕刻得更加精细,在情景的处理上也更加富有感染力。如1960年

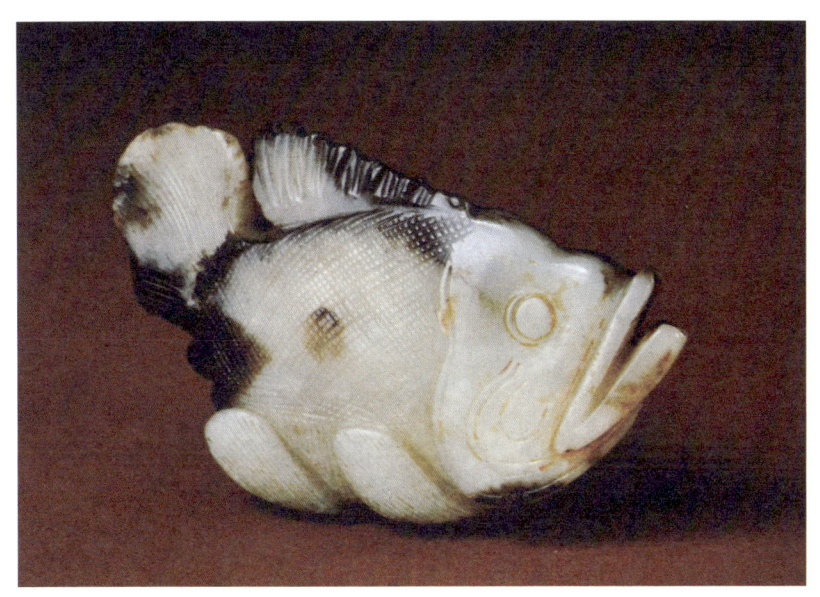

图 9-6 玉鳜鱼佩饰 元

图 9-7 白玉凌霄花嵌饰 元

图9-8 春水玉饰 元

江苏无锡大浮乡墓葬中出土的一件春水玉饰（图9-8），就是一件情节处理生动、感染力强的作品。此玉饰仍然是表现鹘攫天鹅的主题：设计者将一大天鹅表现为正欲潜入河塘之中，以躲避鹘鸟追杀的情景，而一体型明显比天鹅小得多的鹘正飞于荷上，追击其后，伺机而动，整个场景生动而富有情趣。此作品雕刻技术娴熟，设计构思巧妙，具有很高的艺术价值。

3. 玉器皿

在日用器皿方面，我们所知最多的是玉杯。元代玉杯形式多样，杯体的形状、大小、深浅各异，且杯柄（或把）和杯体的装饰也各具特色。

有的玉杯柄被琢成雁形、火焰珠形和龙首形等样式。一般来说，杯柄的内容都与杯体的形状或装饰有关，如龙首柄杯的杯体上就雕饰着龙纹，

图 9-9 白玉山茶花杯 元

桃形杯以镂刻的桃叶和桃枝为柄等。再如白玉山茶花杯（图 9-9），其杯身作茶花形，有五瓣花瓣，中间的花芯被做成一小柱状立于杯中心，杯身一侧透雕着花枝形柄，使整件器物的造型显得完整而统一。

4. 陈设艺术品

元代玉器中作为陈设艺术品的现存数量并不多，有的玉器皿造型并非日常实用的，而是作为一种陈设品用来观赏。如青玉龙纹双耳活环樽，其造型和纹饰均采取仿古的形式，工艺精良，是一件用于陈设观赏的艺术品。还有的玉杯（包括上面介绍的）虽然可以当杯来用，但大多数情况下，它们主要还是用于陈设观赏。

另外，还有一类玉雕可能是镶嵌于其他器物上的装饰，可以说这也是一种出于观赏目的而碾琢的玉器，有时单独去欣赏它们也别有一番趣味。

图9-10 白玉雁 元

如1965年西安南郊东何家村出土的四只白玉雁（图9-10），姿态各异，个个生动传神。有的作引颈飞行状，有的作回首警觉状，有的作翘首遥望之态，这些细节体现了玉工对生活观察的仔细入微，同时也将他们的雕刻技艺很好地表现了出来。这些玉雁原本是作为某器物上的嵌饰而制作的。

　　元代统治近百年（1271年~1368年），在这一时期，草原文化与汉文化相融合，从而诞生了一种全新的文化形态。这种融合在玉器艺术上也有所体现，使我们得以窥见一斑。随着今后考古和研究工作的发展，我们将会看到更多、更精美的元代玉器作品。（图9-11至图9-21）

第九章 元代玉器鉴赏

图 9-11 玉花式杯 元

图 9-12 玉骑鹅童子 元早期　　　图 9-13 玉鱼形佩 宋或元初

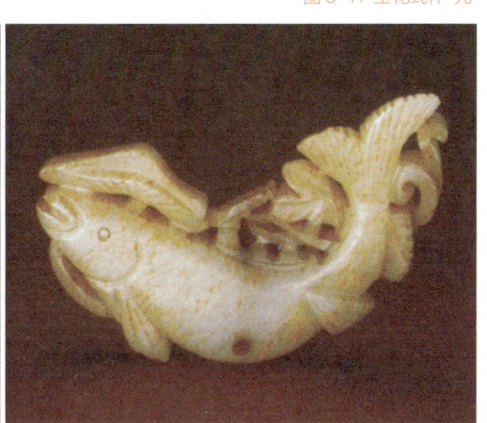

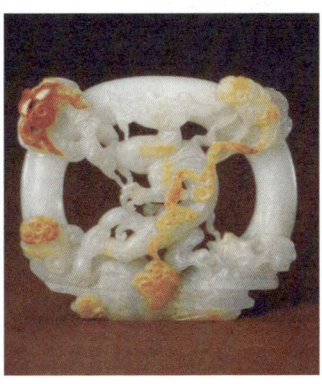

图 9-14 玉鱼形佩 元　　　图 9-15 玉镂雕龙纹带环 元早期

中国玉器艺术

图 9-16 和田白玉雕春水牌 元

图 9-17 穿花螭龙白玉带板 元

图 9-18 舞龙纹佩 元

第九章 元代玉器鉴赏

图 9-19 玉子母狮镇纸 元

图 9-20 白玉貔貅 元

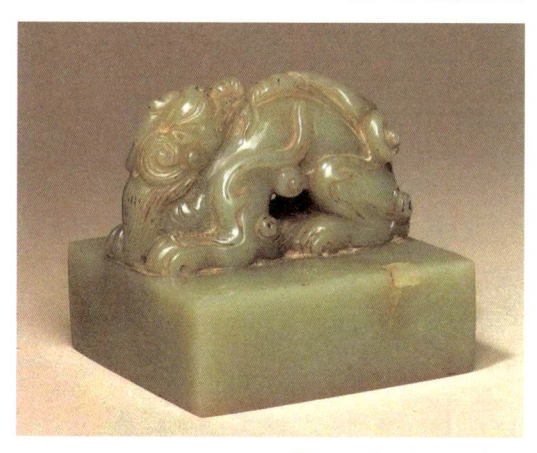

图 9-21 青玉大元国师印 元

中国玉器艺术

第十章

明清玉器艺术述要

中国的玉器艺术在发生发展的历史长河中，经历了各个不同的时期。按有关专家的分法，新石器时代为我国玉器产生的孕育期，夏商西周为成长期，春秋战国为嬗变期，秦汉魏晋南北朝为发展期，隋唐五代宋辽金为繁荣期，元明清为鼎盛期。这一分期足见明清玉器在历史中的位置了。

不过我们也应该知道，任何分期法都会有一个相对的标准，也就是说是有条件的，即在某种标准下的分期。一般来说，玉器作为传统手工艺品之一，在分期上主要依据玉质的优劣、用量的多少以及加工工艺技术的先进程度。研究者和收藏家们尤为关注玉质与工艺技术水平，将元明清时期的玉器视为历史上的鼎盛期，很大程度上便是基于这些方面的考虑。倘若从另一视角审视，也许会得到不尽相同的结果。譬如，若我们从纯粹的艺术性视角去审视各个历史时期玉器艺术的成就，或许会发现唐宋乃至秦汉时期的玉器艺术堪称历史的高峰。毕竟，艺术作为人文精神的象征，其发展轨迹并非总是随时间推移而直线上升，其兴衰起伏深受复杂社会现实因素的影响，不能简单地以时间顺序来类推。

因此，我们在欣赏明清玉器艺术时，首先要把它放在当时社会文化的大背景中，把握其时代的特征，才能领略到其中的妙趣所在。确切地说，明清玉器最精妙之处就在于优良的材质和高超的碾琢工艺技术，在艺术上的追求也主要趋向于精巧性和趣味性，尤其是到了清代，其琢磨雕镂技术可谓到了登峰造极的地步，说它前无古人也并不为过。然而，不可否认的是，过度追求技术的精绝，在一定程度上会使艺术价值略逊一筹。

明清两代的玉器风格各具特色，明代玉器倾向简洁，曲折相宜，而清代则倾向于繁复和曲线。但总体而言，两者相似之处较多，如艺术上追求清新雅致、精致玲珑等，这与当时文人的审美趣味有着重要的关系。从工艺的精度来看，清代相较于明代更为讲究，要求也更为严格，不论是单独应用一种做工，还是综合两种以上的技法，均需求规矩方圆，一丝不苟。凡直线必须笔直，圆形必如满月，委角必得圆润，尖角一概锋锐，有着丰富的韵律感。一件玉器不仅器形、表面、花纹图案碾琢工整，而且膛里、底足、盖内等不为人所注意之处，也要花费很大力气，做工十分讲究。摘要介绍如下。

一、玉杯

在明清玉器皿中，玉杯是最富有特色的品种之一。虽然历代都有玉杯的制作，但风格特色各不相同。明清玉杯不仅做工讲究，而且形式多样，如双耳杯、桃杯、葵式杯、人物杯等，各具特色，风格灵秀雅丽。

双耳杯在我国有着悠久的传统，早在先秦至汉代就已盛行，当时多用于漆器，名"耳杯"。至明清时，双耳玉杯相当流行，形式的变化主要集中在"耳"（即把手）上，有动物、人物、植物和几何形题材的耳杯设计。图 10-1 为明代的双螭耳杯，其两侧各镂雕一螭作为装饰。螭属龙族，是神话动物，早在先秦时期便已被广泛用于青铜器、玉器的装饰。所不同的是以往螭的造型和装饰构成都比较庄重而神秘，而这一对螭把手却显得生动可爱。它们四足紧贴杯壁，口衔杯沿作攀爬之状，表现出一种轻松灵动的情趣。而清代的双童耳杯（图 10-2）则以对称的两童子形象为杯耳，别有一番趣味。童子双手抓着杯沿，脚踏着祥云。以上两件玉杯的碾琢工艺都相当精致，且玉质温润。

以花果为题材的玉杯造型更富艺术性，如明晚期作品青玉桃式杯（图 10-3），桃形杯体一侧置一透雕桃枝叶把手，枝叶与杯体自然衔接，翻转覆侧的叶片被处理得栩栩如生，体现出玉工高超的再现自然的能力。玉杯的口沿下刻有小诗一首："君颜如桃，挹而饮之，似盛甘醪，断瑕甚璧。"可以看出，将玉杯制成桃形不仅美观，而且富有吉意。

再如青玉镂空葵式杯（图10-4），杯如葵花，镂雕枝叶缠绕杯外壁至口沿，并留出一处空隙，以便于使用，反映出玉工独特的匠心和对画意的追求。

图 10-1 双螭耳杯 明

图 10-2 双童耳杯 清早期

图 10-3 青玉桃式杯 明晚期

图 10-4 青玉镂空葵式杯 明中期

二、玉"大禹治水"山子

中国的视觉艺术发展到明清时期，绘画和书法已占据了绝对优势的地位，从宫廷到文人雅士无不以能书善画为荣，这样的时代风尚使得其他的视觉艺术门类都受其影响，诸如竹木牙雕器、建筑装饰等都喜好采用类似书画中常用的山水、花鸟或人物题材，构图和刀法等都受到书画的影响。玉器艺术也是如此。明清时期以山水、花鸟、人物故事为题材的玉器颇为流行，玉工们娴熟地运用传统琢玉工艺，追求笔趣画意的艺术效果，在他们的作品中能够明显地看出所受不同画风影响的痕迹。如明代人物山水题材的玉器装饰就有浙派和吴派风格之不同；清代则受画院风格的影响，强调毛笔的皴法效果，碾琢不仅要求细致精微，而且要能反映出绘画的神韵，这就使得传统的碾玉技术得到了新的开拓。清代乾隆年间制成的玉"大禹治水"山子（图10-5）就是一个非常典型的例子。此作品高达224厘米，玉料取自新疆和田，据记载是花了大量的人力历经10年而完成的，现仍置于紫禁城乐寿堂内，是目前所知世界上最大的玉器。这件玉山子上所表现的图景是以宋人的画轴为稿本的，故而整件作品流露出宋人的笔墨情韵。

在这件呈青色的巨型玉雕上，崇山峻岭参差交叠，山泉潺潺，瀑布飞流，古木遍布，云气缭绕，蔚为壮观。它虽然是以绘画作品为范本雕成，但较之绘画它又有其自身的长处，如天然的材质和立体的圆雕效果都使其更具真实感。在山道峭壁之间，到处都有成群结队的民工正在开山导石，一派忙碌景象：有的抡锤凿石，有的用杠杆原理制成的简单机械提石打桩。这一幕幕场景，令观者仿佛能耳闻石工们那有节奏的锤打声和有力的号子声。这些人物形象的雕刻，生动而细致。

三、仿古玉器

中国人历来好古，感慨现实现象时常叹"人心不古"，画画要有古意，陈设把玩也喜好古器，故而在工艺美术领域，仿制古器之造型或装饰的

图 10-5 玉"大禹治水"山子 清乾隆

习俗由来已久，特别是到了明清时期，仿古之风弥甚，虽说大多数仿古之器难逮古器之神韵，但也不乏制作精良、形貌酷似之作。明清时仿古玉器的生产已达到了历史的巅峰。产生这一现象的原因有两方面，一是当时审美趣味的好尚，二是琢玉工艺技术的进步。因为仿古玉器的制作需要特殊的技术，不仅要造型、纹饰相似，还要通过特殊的手段将其做旧，如做出残痕、人工浸色等。如玉兽面纹盖炉（图10-6）是清乾隆年间的仿古玉器作品，一望便知，其造型、纹饰都是仿商周时代的青铜簋。由于所用玉料为新疆产的碧玉，色泽呈深绿色并夹杂有黑色斑点，所以其色彩也与青铜器十分接近，再加上高超的琢磨和雕刻技艺，使这件作品与古器非常相似。

图10-6 玉兽面纹盖炉 清乾隆

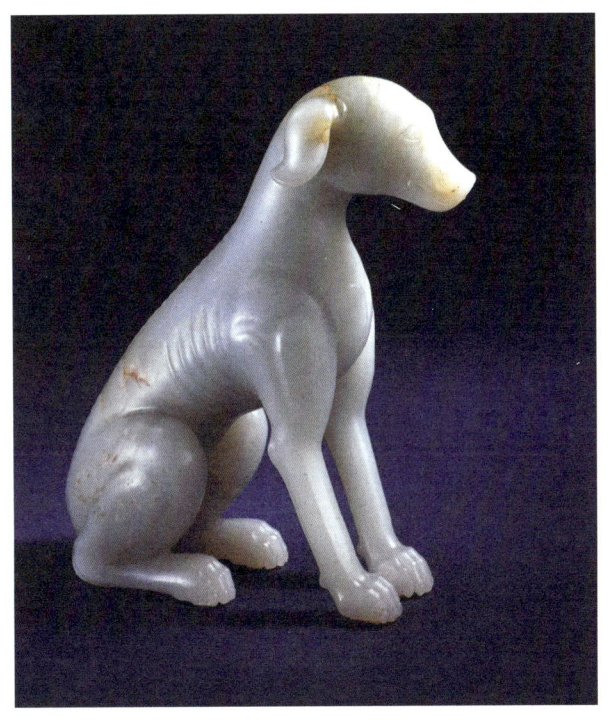

图 10-7 玉狗 清乾隆

另外，明清时期的玉雕摆件也数量丰富，且有不少精彩之作。在肖生玉雕中，可见到诸如牛、马、羊、犬、鹿、鸡、鸭、鹤、鹌鹑、鹊、雀，以及龙、凤、辟邪和神仙人物等。雕琢工整细致，精细者对鸟羽的细节都碾琢得一丝不苟，造型则典雅生动，富有情趣。如清乾隆年间的玉狗（图10-7），表现了一挺胸蹲坐着的狗，造型写实，形态逼真，背脊、腹肋都被细腻地琢磨出来，可谓栩栩如生。再如清中期的一件玉双童洗象饰（图10-8），采用了圆雕的形式雕琢了一立象，它正回首顾盼，与背上的两个童子相呼应。两童子一个站在象背上，一个趴于大象的臀部，正忙碌着为大象冲水刷洗，形象生动可爱，充满生活的情趣。明清时期，诸如大象、鱼、桃等题材相当多见，这是由于当时正是我国吉祥文化题材逐渐定型

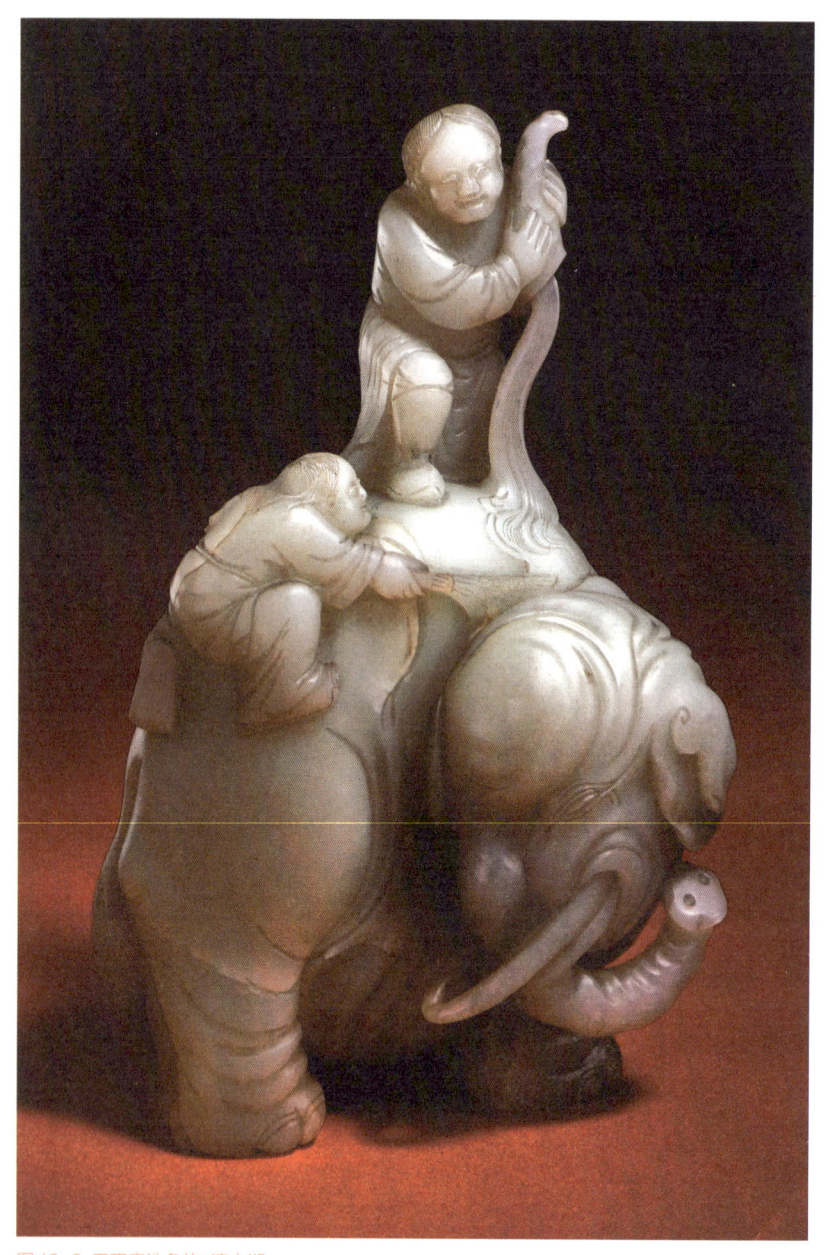

图 10-8 玉双童洗象饰 清中期

的时期，从宫廷到民间，吉祥艺术广泛流传。这件作品同样带有吉祥的寓意：大象象征着吉祥，是常见的装饰主题，如太平有象、万象更新等，直到今日，大象仍被中国人视为瑞兽。

明清时期的玉器品类很多，形式也非常丰富，其影响一直延续至今，只要我们稍微留意一下身边的现状，就不难发现明清的余韵随处可见。（图10-9 至图 10-15）

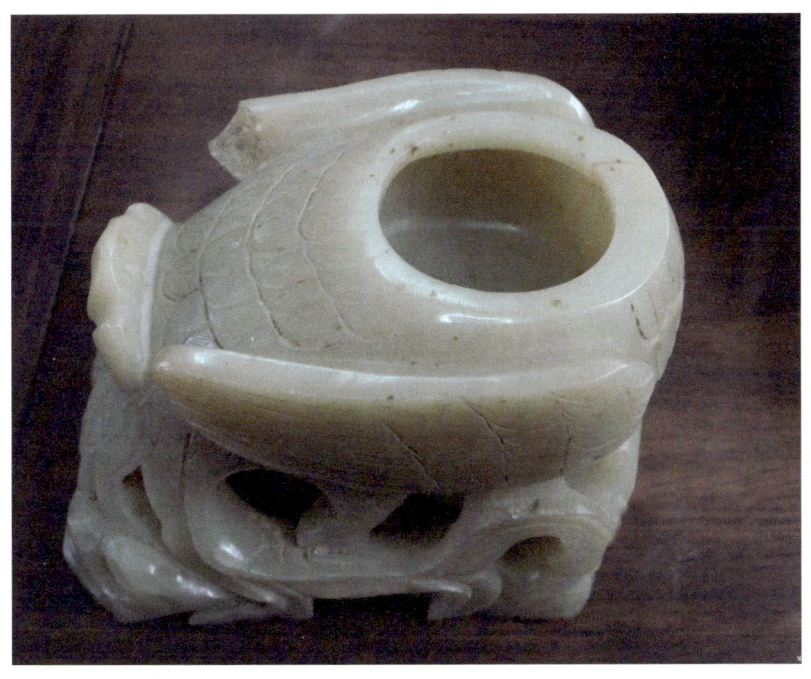

图 10-9 洗子 明代

图 10-10 青玉四花耳盖炉 清乾隆

图 10-11 青玉蜓螺荷叶形花插 清代　图 10-12 和田糖白玉雕福在眼前挂件 清代

第十章 明清玉器艺术述要

图 10-13 和田白玉明代玉人 明清时期

中国玉器艺术

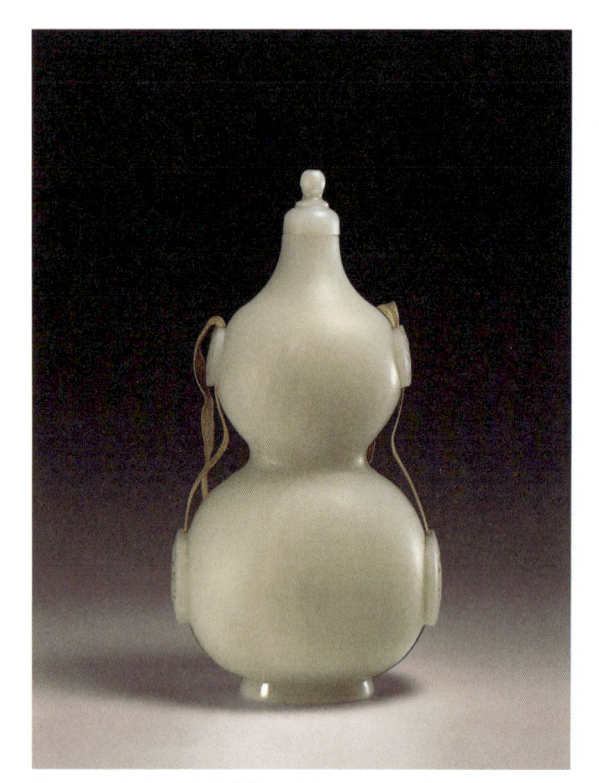

图 10-14 白玉雕百福纹葫芦瓶 清中期

图 10-15 青玉雕活佛挂件 清

参考文献

[1] 牟永抗，云西正.中国玉器全集1 原始社会[M].石家庄：河北美术出版社，1992.

[2] 杨伯达.中国美术全集44 工艺美术编 玉器[M].北京：文物出版社，1986.

[3] 杨伯达.中国玉器全集5 隋·唐—明[M].石家庄：河北美术出版社，1993.

[4] 杨伯达.杨伯达说玉器[M].上海：上海辞书出版社，2011.

[5] 高濂.遵生八笺 下册[M].王大淳，点校.杭州：浙江古籍出版社，2017.

[6] 杨伯达.中国古玉辨伪[M].杭州：浙江文艺出版社，2009.

[7] 陶宗仪.南村辍耕录[M].文灏，点校.北京：文化艺术出版社，1998.

[8] 杨伯达.中国美术全集 工艺美术编9 玉器[M].北京：文物出版社，1986.

后记

作为中华传统文化中人格象征的玉，自古就不乏探究之文。从先秦诸子到明清著述均能见到相关言论或专著，特别是20世纪之后，随着现代考古学研究的展开，对玉器的研究也有了飞跃性的发展，由原来注重解经式的诠释发展为建立在科学分析基础上的考释。如民国时期较有影响的专门论著就有：刘子芬的《古玉考》，李乃宣、张承鋆合辑的《玉说》，钱启同的《玉说荟刊》，以及蔡可权所撰的《辨玉小识》等。在这些著述中，各有侧重，对玉与中国文化之关系、古玉的产地、古玉的考证和辨伪等方面的问题进行了探讨和阐述，在某些方面的研究已经相当深入，讲解也很周详完备，为后人的进一步研究打下了良好的基础，有意对古玉深究者不妨拿来读一下。书目文献出版社曾将这四部著作汇编成《玉说汇编》出版（1993年），为读者提供了方便。当代出版的相关书籍更是丰富多样，作者所选择的角度也不尽相同，其中最多见的是图集和指导收藏类的书籍，各具价值。

本书是在我为《中国美术教育》杂志所撰写的系列鉴赏文章的基础上结集而成的，对原文作了适当的调整和增删，并补充了两篇，以求全书的完整性。本书所撰写的角度既不是在古玉的年代考证方面，也不在古玉真伪的鉴定上，而是将重点放在作为艺术品的玉器上，努力将中国古代玉器中的艺术性特征以通俗易懂的方式表达出来，愿望如此，未知结果如何，有待赐教。

此书整理完毕之时，恰巧是农历元月初一，窗外白茫茫一片，不久前的几场降雪将金陵古城装扮得洁白如玉，再加上人们庆新春烟花爆竹的点缀，景色煞是好看，殊不知自己沉浸在眼前美景之中时已经完全忽略了今年的大雪已是一种灾，美与用之间的关系往往就是这么奇妙。

倪建林
于金陵得闲居